2025
占星運勢指南

繆沛倫◎著

目錄

前言　2025是改變之年

日後有一天，當我們回望，我們會說，2025年是（某一類型的）資訊革命元年。

占星不外乎天時、地利、人和的總和，而年度運勢，就是所謂的「天時」。在看年度運勢時，我們要關注兩個議題：今年天上的運勢怎麼變化，以及今年天上運勢會對我有怎樣的影響。以年度大運來說，需要仔細觀察木星、土星這兩顆社會星，以及天王星、海王星、冥王星這三顆走得很慢的世代潮流之星。

木星帶來社會資源

既然木星與土星是社會星，我們每個人都身處於社會中，當然會對這兩顆星的能量特別有感。

木星代表社會資源與社會流行，想要知道這一年會流行什麼，可以從觀察木星做起。木星大約一年走入不同星座，從去年5月到今年6月，天上的木星走入雙子，雙子代表的是最基本、最本能的溝通，大家綜觀去年下半年會發現，各種傳播媒體大爆發，不管是傳播媒體或新媒體，不管是網路影片或殿堂級電影作品都百花齊放，獲得很大的關注。

也因為木星平均每一年走一個星座，從過去木星的軌跡，我們可以看出社會潮流的轉變。2022年木星進入牡羊，牡羊是黃道十二星座之首，代表「創生」，木星進入牡羊，正式宣告了後疫情時代的開始。2023年木星進入金牛，金牛講究質感，也象徵後疫情時代由木星牡羊的「先求有」，進入了木星金牛的「再求好」。當資源不虞匱乏，2024 年木星進入雙子，就代表不管是想買、想賣、想表達意見，溝通最重要。接下來從 2025 年 6 月開始，為期一年，木星走進了注重感情的巨蟹，代表情感議題會成為今年社會最關注的話題。

土星帶來現實考驗

土星代表的是社會現實，它會帶來現實的考驗。土星大約每兩年半會隨著走入不同星座，在這個星座領域中帶來現實考驗。土星從 2020 年年底進入寶瓶，說明了大疫期間，不管是疫苗、疫情回報、遠端工作等等，在在考驗著寶瓶代表的高科技。土星在 2023 年進入雙魚，大疫結束之後，不管是個人或整個社會的身心靈重整，都是土星進雙魚的現實考驗。接下來土星會在 2025 年 5 月底開始，三個多月小試水溫進入牡羊再回到雙魚尾端，等到 2026 年 2 月再進入牡羊。

黃道十二星座並不是十二個不相干的東西，它從牡羊代表的誕生開始，一直到雙魚代表的回歸宇宙結束，代表的是個體化完成的十二個階段。土星從牡羊到雙魚走完一個完整週期，大約需時三十年，這兩年土星往返於雙魚、牡羊，可說是舊的週期已經結束，新一輪三十年土星週期即將展開。

天王星帶來資訊革命

天王星代表世代的新思潮與新發明，它平均每七年會進入不同星座，走完黃道十二星座，需要八十四年。也因為它走得很慢，它往往會形成一股完整的世代力量。

天王星的關鍵字之一是「革命」，當天王星進入金牛，帶來的是經濟革命，當天王星進入雙子，則會帶來傳播革命。

金牛代表資產相關議題，天王星從 2018 進入金牛，隨即全球貿易大戰展開，在整整七年之間，人類彷彿重新發現了金融議題。不管是虛擬貨幣、科技股股價飆升，或是各種新興理財工具，不管對金融有沒有興趣，在過去的七年期間，大家都會受到各式各樣跟金融有關訊息的衝擊。

天王星進金牛的七年即將結束，今年 7 月開始，天王星會先進入雙子試個水溫四個月，之後天王星會逆行回金牛的尾端，等到 2026 年 4 月天王星正式進入雙子，就會展開為期七年的天王星雙子之旅。

雙子跟溝通有關，在前一輪的天王星進雙子正值二戰期間，因為通訊需求，廣播與無線電被發明，因而創造出大眾媒體。這一輪的天王星進雙子恰巧遇到冥王星進寶瓶，雙子與寶瓶都是風象星座，都與溝通有關，彼此的能量可以互相協助。天王星進雙子帶來媒體溝通的新革命，冥王星進寶瓶帶來高科技的新產業，兩者相輔相成，會是人類文明再度躍進的新契機。

我們可以說，2024 年到 2025 年木星進雙子的大眾媒體大爆發，只是一種社會級現象，等到 2025、2026 年起天王星進雙子，這才真正進入了世代等級的大媒體時代。

海王星的新一輪輪迴

海王星在一個星座停留的時間很長，大約十二到十四年，它代表世代的集體夢想，當海王星進入一個星座，整個世界就彷彿做著跟這個星座相關的夢。海王星從 2011 年進入雙魚，整個世界都在做著一個跟雙魚有關的慈悲混沌的夢——別的不說，這十幾年各式各樣的網路詐騙，一定讓大家很有感。

而從今年開始，海王星開始進入牡羊，全世界嚮往的，會是牡羊帶來的開創力、行動力與勇氣。固然也會因為盲目信仰而帶來盲目的衝動，但整個社會都會感受到強烈的動感，而不像海王星在雙魚這幾年這麼停滯。

黃道十二個星座並不是十二個不相干的形容詞，它是一組三百六十度的座標，十二個星座分別代表個體化完成的十二個階段，牡羊是第一階段，代表個體出生，雙魚是最後一個階段，代表回歸宇宙。當海王星從雙魚進入牡羊，代表了新一輪海王星週期的開始。海王星是宇宙的高等心智帶來的感動，當海王星進入新週期，也意謂著人類文明即將進入新階段。

冥王星進寶瓶帶來的文明躍進

冥王星由於軌道與其他行星差異較大，因而進入每個星座的時間也不太一樣，短則十二年，長則三十二年。冥王星帶來世代集體意識中的控制欲，因為整個世代對某一件事充滿激情，因而會帶來死亡與重生，但也因而會產生制度與產業。

冥王星從 2008 年進入摩羯，摩羯代表政治。在過去的十多年間，再不關心政治的人，都會因為社會氛圍而多少關心政治一些，政治成了全民運動，因為全民參政，因而有了許多政治相關的新制度，也因為全民關心政治，也帶來了新產業——別的不說，越開越多的政論節目，正是一種因應冥王星摩羯而生的新產業。

不過冥王星已經在今年完全脫離了摩羯，在寶瓶展開新旅程。寶瓶代表的各式各樣的革命、新發明與新科技，即將因為冥王星的進入而成為每天生活不可或缺的一部分，因而成為重要產業，進而影響到政治與商業結構。

天海冥進入寶瓶座

天海冥這三顆宇宙行星，因為作用時間長，往往帶來世代的重大影響。生活在現代的人類何其有幸，經歷過天王星、海王星進入寶瓶之後，現在冥王星也進入了寶瓶。

天王星帶來新發明，海王星帶來集體夢想，冥王星則進入民生、形成產業，每個人日常生活都離不了它。「寶瓶」代表了高科技與前衛、革命的想法，宇宙對寶瓶世紀有著實際的規劃，1995 年天王星先進寶瓶，隨著 Windows 95 的上市，網際網路開始進入大眾生活中。1998 年海王星緊接著也進入寶瓶，隨著網際網路的普及，網路成為全人類的夢想，可說是一種宗教。

以後二十年間，全人類越來越適應各種網際網路的相關科技。2020 年的世紀大疫，不管是疫苗、遠距上班、各種外送服務，這些社會性功能，都隨著木星、土星這兩顆社會星同時進入寶瓶，變得更為生活化。以台灣為例，疫情期間進入各種場所需要刷

QR Code，以及開放線上看診等措施，讓許多原本用不慣智慧型手機的長輩，也開始使用智慧型手機。

前兩年冥王星來回掃過摩羯與寶瓶之間，想必大家都感受到政治、固有結構、保守主義（摩羯）與革命、創新（寶瓶）的拉鋸。從今年起，冥王星正式進入寶瓶，再也不會回到摩羯。再加上從7月起的四個月天王星進雙子，天王星雙子與冥王星寶瓶的相輔相成，也許在未來的某一天，我們會說，2025是某一類型的知識革命元年，人類文明在2025年有了大躍進。

木星上半年的順風與逆風

大家都喜歡木星帶來的社會資源，木星每一年會走入不同星座，也的確，每一年的流行都不一樣，所以我們常說「趕流行」。但木星每年進入不同星座，也會對不同人造成順風或逆風的差別。

木星從去年5月到今年6月進入雙子，太陽雙子當然會直接受到木星之助，充分感受到社會風向對自己的友善，因而很容易得到許多社會資源。而同屬風象星座的太陽天秤與太陽寶瓶也會覺得順風順水，不管是工作或日常生活都很順利。

但對太陽處女、太陽人馬與太陽雙魚來說，受到木星的負面影響，這段期間就容易過度樂觀、過度積極，以致於高估自己的能耐，接太多工作做不來還算事小，如果是借錢去投資的話，可能就要虧錢了。

木星下半年的順風與逆風

從今年6月到明年6月，木星會從雙子走入巨蟹，太陽巨蟹當然會直接受到木星之助，得到許多資源，會是大展鴻圖的一年。而同屬水象星座的太陽天蠍、太陽雙魚則容易感受到社會風向的友善，不管是生活或工作上都會很順利。

但對太陽牡羊、太陽天秤與太陽摩羯來說，受到木星的負面影響，這段期間就有可能因為過度樂觀而錯估情勢。最好不要高估自己的能力接太多工作，更不要高估自己的判斷力，做出錯誤的投資規劃。

要額外提醒的是……

太陽天秤上半年順風順水，下半年卻由順風轉逆風，如果沒有察覺到社會風向改變，而一直沿用上半年的心態來面對工作或金錢投資，下半年就會吃到不小苦頭。

不過要恭喜太陽雙魚。雖然上半年飽受逆風之苦，不過木星就算是負面影響，也都還是讓人興致高昂，只是付出跟回收不成比例。還好到了下半年會由逆轉順，上半年只要頂住逆風，下半年就能連本帶利收回來了。

土星的順風與逆風

土星大約每兩年半會進入不同的星座，因而會對不同人造成正面或負面的影響。土星帶來社會現實的壓力，雖然沒有人喜歡現實壓力，但土星帶來的正面影響，可以讓人穩紮穩打、按部就班，穩步攀登人生的高峰。

在過去的兩年間，土星進入雙魚，太陽雙魚首當其衝，一方面固然覺得壓力很大，苦不堪言，但這些壓力很可能源自於社會對你的肯定，覺得你可以登上更高的職位，可以負擔得了更多的責任。同屬水象星座的太陽巨蟹、太陽天蠍，也都能感受到自己在穩定中成長的責任感與成就感。

相較之下，太陽雙子、太陽處女、太陽人馬由於受到土星負面影響，都會感覺外在壓力過大不堪負荷，深受有志難伸之苦。但土星的壓力並非永無止境，兩年多的艱困處境，其實也是一種磨練。如果你能藉由這段期間的高壓，學會很多在現實壓力中求生的方法，當土星壓力解除，你會跳得比別人更高。

土星即將進入牡羊

前面提到，土星大約兩年半會進入不同星座，前兩年在雙魚已經停留了兩年，今年會在 5 月底短暫進入牡羊三個多月，再回到雙魚尾端，一直到明年 2 月，就會完全離開雙魚，前往牡羊了。也因此，土星在今年夏天短暫進入牡羊，可說是一場短暫的預告片，讓大家短暫體驗一下土星進牡羊的社會風氣轉變，先做個調整與準備，等到明年 2 月土星正式進入牡羊，就不會手忙腳亂了。

土星短暫進入牡羊的這三個月，太陽牡羊首當其衝，一方面雖然壓力很大，但另一方面也會覺得自己更上一層樓。同屬火象星座的太陽獅子、太陽人馬也會感覺到些許壓力、些許肯定，並想要在務實的基礎上提升自我。

相較之下，太陽巨蟹、太陽天秤、太陽摩羯，接下來兩年半都必須要面臨土星的不合理磨練，如果能在今年夏天土星短暫進入牡羊好好調整心態、做法，等到明年2月土星正式進入牡羊，會比較能從容面對土星帶來的壓力。

太陽星座？上昇星座？

很多人一直很困惑，到底星座運勢是在講太陽星座還是上昇星座？以及，到底太陽星座與上昇星座有什麼差別？

我們出生時，從出生地看到的星空，就是所謂的「本命星圖」。當我們因為在地球的某時某地出生而擁有了本命星圖，意謂著藉由「出生」這件事，我們從宇宙來到了地球，此時此刻的天上的太陽系變成了專屬於你的小太陽系，在這個時間地點看向日出方向的星座與度數，就是你的「上昇點」（也就是上昇星座的俗稱）。所謂的「上昇星座」，是指你也是一顆嶄新的明星，藉由你的出生，你這顆新星，從地平線上冉冉上昇，展開了你的人生旅途。

本命星圖其實就是一個劇本，它詳細的描述了你這場人生大戲裡面的種種劇情。每個劇本中都必須要有「角色」，大家常聽到的太陽、月亮、水星、金星、火星、木星、土星、天王星、海王星、冥王星，就是這場大戲的十個角色。其中太陽攸關於人生目標、工作表現，它是你的太陽系群星中的主角。今年你的太陽這個角色會不會順風順水，當然會是所有年度運勢的重要觀察指標。

而上昇星座則攸關處境。上昇點是一宮的起點，從上昇點開始畫分出十二個宮位舞台，分別代表了人生中的十二個生命領域。一宮代表個人形象，二宮代表金錢，三宮代表溝通，四宮帶來家庭議題，五宮藉由戀愛的感覺來展現創造力，六宮代表日常生活的勞務，七宮代表伴侶關係，八宮代表跟他人有關的資源，九宮是高等心智，十宮是事業舞台，十一宮是社交舞台，十二宮是靈魂輪迴的領域。

天上的行運就像舞台燈，當行運的行星走進一宮，就會照亮一宮的舞台，你就要演出跟個人形象有關的一宮戲；當行運的行星點亮二宮的舞台，你就要演出跟金錢相關的二宮戲。更重要的是，雖然行星會有順行逆行，可是行運必然會依序點亮你的宮位，一宮一宮的往下走，它不可能走完一宮之後忽然跳到三宮，或五宮走完直接跳到十宮。

十二個宮位的順序有其邏輯，當前一個宮位的功課學得好，後一個宮位就會比較輕鬆。如果前一個宮位學得不好，雖然還不至於擋修後一個宮位，但走起路來多少會有一點坑坑疤疤。

也因此，每一年的運勢指南中，我非常看重行運木星、行運土星在宮位中的推移。除了這兩顆星是社會星，最令人有感之外，更重要的是，木星在一個星座 / 宮位停留的時間大約一年，土星在一個星座 / 宮位大約停留兩年半，一年或兩年半，都是最適宜學習、磨練的時間，可說最利於長期規劃下的短期具體目標。

2025 年木星與土星都會換星座，因而進入你的不同宮位領域，如果能夠好好的將前一個宮位的功課收尾，並迎接下一個宮位的課題，會對人生很有幫助。

各上昇星座木星功課的轉換

木星會帶來各種社會資源，當它進入不同宮位時，就像拿著紅蘿蔔，吸引你去做這個宮位的功課。今年6月9日前木星在雙子，6月10日後木星進巨蟹，也就是說，上半年你會做前一個宮位領域的功課，下半年要做後一個宮位的功課。如果能夠好好規畫，木星的社會資源會對你的幫助更大。不過為了避免敘述太過冗長，所以概略以上半年、下半年來做區分。

上昇牡羊：上半年好好探索周遭環境、學習新知，下半年就有很多資源可以經營家庭生活。

上昇金牛：上半年好好多賺點錢，下半年就會有餘裕去學習新知。

上昇雙子：上半年好好打造好個人品牌形象，下半年就可以因為形象好而接到更多工作，賺到更多錢。

上昇巨蟹：上半年好好思索自己真正想要的生活是什麼，下半年遇到眾多機會時，就不會亂了方寸。

上昇獅子：上半年好好享受夠社交生活，下半年就能心無罣礙的遠離社交，潛心尋找靈魂內在價值。

上昇處女：上半年好好在事業舞台上發光發熱，下半年就可以結交更多盟友，一起推動更大的議題。

上昇天秤：上半年好好展現過人見解，業界有名聲之後，下半年就能被各方延攬，在事業舞台上更上層樓。

上昇天蠍：上半年好好處理好各式各樣跟他人有關的金錢議題，下半年就能放心開懷的追求異國文化的刺激。

上昇人馬：上半年好好經營伴侶合作關係，下半年開始談錢時就比較不傷感情。

上昇摩羯：上半年好好的做好本職的職場工作，下半年就很容易被人賞識，增加很多合作的機會。

上昇寶瓶：上半年好好盡情的隨心所欲創造出一些作品，下半年就可以思考如何將這些創意量化，成為可以穩定輸出的產品。

上昇雙魚：上半年先好好顧好家庭，多陪家人去玩，增加彼此之間的信賴感，下半年就可以潛心創作，盡情展現創意。

各上昇星座土星功課與展望

天上的土星已經在雙魚待了兩年半，今年 5 月 26 日到 9 月 1 日會短暫進入牡羊，再回到雙魚尾端，並在明年 2 月 15 日進入牡羊，正式展開土星在牡羊的行程。

土星帶來現實責任，當它進入一個宮位，就會為這個宮位帶來現實壓力。如果前一個宮位的功課做得好，後一個宮位的煩惱就會比較少。

既然今年會是土星在雙魚的最後時間，那我們來看看各個上昇星座應該做好哪些功課，並展望哪些未來。

上昇牡羊：靈魂輪迴功課的不知所措即將結束，透過對靈魂的理解，你會比較容易面對奠立實際自我形象的課題。

上昇金牛：同儕團體的重責壓力即將結束，透過友儕之助，接下來會比較容易面對「我是誰」的靈魂拷問。

上昇雙子：事業舞台上的重任即將結束，打好事業基礎，接下來就能號召更多盟友，完成更大願景。

上昇巨蟹：高等心智與名望的重責即將結束，擁有良好名聲，接下來就能被更好的工作延攬，站上更高的事業舞台。

上昇獅子：跟他人有關的情感、金錢困擾即將結束，接下來就能無後顧之憂的投入異國文化或高等心智的追尋。

上昇處女：一對一合夥關係的議題即將結束，如果做得好，接下來談錢才會比較順利。

上昇天秤：沈重的工作勞務困繞、積勞成疾問題即將結束，如果能夠找出順暢的工作流程，接下來跟別人合作會比較輕鬆。

上昇天蠍：創作壓力的瓶頸即將結束，如果能找出將創意量化的方法，接下來的工作流程會更順。

上昇人馬：家庭的責任即將結束，如果能好好安頓家人，接下來才能盡情展現自我，思索創作議題。

上昇摩羯：跟溝通、學習有關的功課即將結束，如果已經學會善用社區資源的能力，接下來應對家庭問題時，就知道可以去哪些地方求助。

上昇寶瓶：金錢壓力即將結束，如果已經學好量入為出的功課，接下來面對紛亂的環境時，就有資本可以當花則花、當省則省。

上昇雙魚：個人品牌自信心的功課即將做完，如果充分建立起自信，知道自己的強項與弱項，就比較容易應對接下來的金錢壓力。

但我的宮位跟書上寫的好像不一樣……

很多人在看每年的占星運勢指南會發現，好像運勢指南寫的宮位，跟《行運宮位聖經》查出來的好像不太一樣。這是因為占星運勢指南是用「整宮制」，而行運書用的是你從星盤精確推出來的日期。

本書使用的分宮制為「整宮制」，也就是不論上昇點度數，也不分宮位大小，每一個人都以上昇點的星座為零度，之後每個宮都從星座起始點開始，每個宮都是三十度。

這兩種制度的核心邏輯不太一樣。「整宮制」是依照你的上昇星座，平鋪直敘的照著你應有的體感，做出「列車幾點應該到站」的預測。而行運書用的精確宮位，則一一列出「這班車會遲到或早到 16 分鐘」。

雖然乍聽之下，會覺得那這樣應該只聽行運的實際宮位制就好。實則不然，因為運勢書可說是一個年度提醒，就像是旅行前先有的導遊行前說明，它很完整、很有邏輯性，最好先聽過一遍。

所以最好的方法，是先看一遍「運勢指南」，先有個概念，再去查「行運」，這就會是最完美的年度規劃了。

山不轉路轉

很多人讀運勢書都很緊張，生怕看到今年的運勢不好。看到好運就沾沾自喜，看到不順就哭天搶地。但其實好運有好運的過法，壞運有壞運的運用。大晴天有大晴天的過法，下大雨在家煮泡麵其實也很有情趣。藉由運勢書，我們可以了解哪些日子適合出門，哪些日子適合躲在家休養生息。

而且運勢書受限於篇幅，主要探討的都是跟太陽有關的工作運與日常生活中的成就感。但就算今年工作運不好，何妨趁著這段期間去談個戀愛或出國玩？大家總是期待自己每年的工作運要很好，沒想過工作運只要好，你就沒時間玩了。每一年工作運都好的話，每一年都要忙工作，多累！這麼一想，工作運不好，其實也是上天的一種恩賜。

山不轉路轉，有時太陽亮，有時月亮亮。懂得隨著宇宙脈動過生活，才是最美好的人生。

上昇星座與太陽星座在哪裡？

本書每一章都列出「太陽星座」與「上昇星座」，原因在於太陽與上昇分別代表了運勢的不同面向。我們每個人的星圖，都是專屬於我們的太陽系，在這個太陽系中，太陽就是我們的核心，它是我們的人生目標，藉由太陽，我們得以在生活中發光發熱。也因此，從太陽星座今年是否與天上行星形成的交互作用，可以看出今年你的工作順不順、生活順不順。上昇星座是上昇點的俗稱，上昇點是一宮的起點，一宮是自我形象，二宮是自己賺來的資源，三宮是近距離溝通，四宮是家庭領域，五宮是創造領域，六宮是工作與健康，七宮跟伴侶相關，八宮牽涉他人的資產，九宮代表高等心智，十宮是事業舞台，十一宮進入社交領域，十二宮則進入了靈魂輪迴領域。從上昇點開始，我們畫出十二個宮位的生活領域，展開我們的人生。也許今年天上有一顆吉星高照，它照在你的家庭領域，或是事業舞台，或者點亮你的靈魂輪迴，情況就會差很多。

此外，上昇點平均每四分鐘就會往前走一度，如果出生時間相差兩小時，很可能上昇星座就會相差一個星座，所以如果想要查詢上昇星座，最好要有準確的出生時間，或至少要有出生時辰。現在台灣的戶政系統很完備，且有全台資訊連線，想要申請出生證明，只要去戶政事務所申請即可。有了出生時間、出生地點之後，就可以去各大占星網站，輸入資料，就可以得到一張完整星圖。也很建議大家來我們公司的網站排盤，不但能排出星盤，還有星座、宮位中文解析，請直接搜尋關鍵字「pumpkin（南瓜）」＋「astro（占星）」即可。

請參考下圖，找出你的太陽、上昇分別在什麼星座，就可以依序閱讀本書。

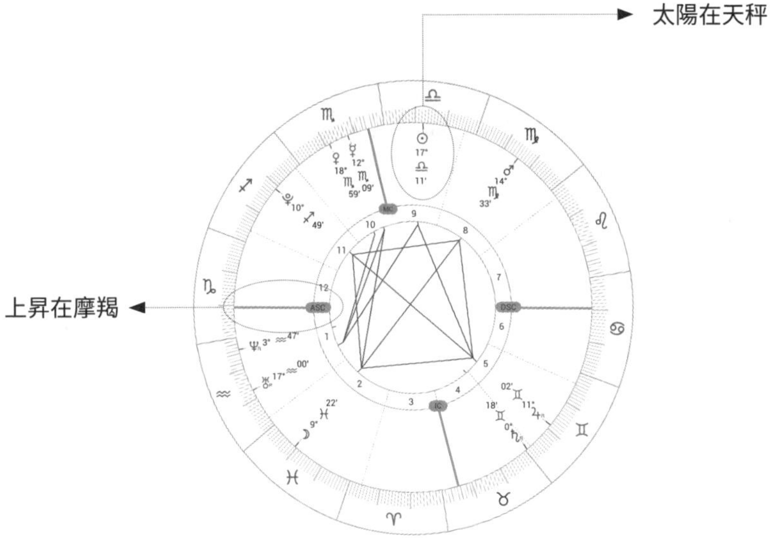

Chapter 1

牡羊座

黃道十二星座並不是不相干的十二個形容詞，它代表的是個體化完成的十二個階段，從牡羊的個體誕生開始，到雙魚的回歸宇宙。也因為牡羊是第一個星座，它的能量不但強悍，且獨斷獨行——否則如果瞻前顧後，也就沒辦法把自己給誕生出來了。牡羊雖然不體貼（體貼就是顧慮到別人的想法），但他們很坦率（同樣是因為沒有顧慮到別人）。以吃東西而論，牡羊顯然會是搶第一的人，但搶來以後，他們也許並不介意跟別人一起吃。

十二個星座又分為以行動力為主的火象星座、以物質世界實際事務為主的土象星座、以溝通為主的風象星座、以情感為主的水象星座。三個火象星座，分別代表了行動力的三種不同層次，牡羊的行動力是最基本的生物本能，獅子是人我之間的行動力，獅子希望得到別人的掌聲，而人馬是社會的行動力，它想要看看不同的異國文化。

本章要探討的內容，包含「太陽牡羊」與「上昇牡羊」。上昇星座會隨著出生時間而有所不同，請查一下出生時間（或至少有時辰也好），就能查出上昇星座是什麼。關於太陽星座與上昇星座的差別，請參考第 12 頁的內容。

太陽牡羊──重責大任黃袍加身

行事曆：請大家先把這五個日子登記在行事曆上，提醒自己千萬別錯過這些重要運勢。

◆ 3/31 靈性能量大幅提升

◆ 5/26 三十年一度重責加身

◆ 6/10 社會資源過度膨脹

● 2/5 桃花來了

● 5/1 桃花來了

「太陽牡羊」是指每一年在 3 月 21 日（可能會有前後一天的誤差）到 4 月 19 日（可能會有前後一天的誤差）之間出生的人。

所謂的「太陽牡羊」，是指你的「太陽」落在「牡羊」這個星座，你的太陽這顆星，會利用牡羊的特質來發光發熱。我們每一個人都是一個太陽系，本命星圖裡面都有太陽、月亮、水星等等十顆星，而太陽是我們這個人的太陽系的核心，它是我們生命大戲的主角，攸關我們的人生目標。牡羊是十二星座之首，它是一種很直接、很大膽的陽性能量，當一個人太陽落在牡羊，這個人的處事風格，就會很直接、大膽，絕不迂迴。

今年由於天上的土星與海王星這兩顆重量級行星會從雙魚走入牡羊，太陽牡羊會特別感覺到風向吹向自己，特別有感。土星代表現實壓力，海王星代表夢想，再加上木星代表的社會資源進入巨蟹，會對太陽牡羊造成負面影響，這些都是太陽牡羊今年要做的功課。

三十年一度重責加身

5/26~9/1

土星代表了現實壓力，它就像一個教練，逼著你非得要好好學習一些現實功課。天上的土星平均每兩年半會走入不同的星座，就會給不同星座的人帶來不同壓力。今年土星走入牡羊，太陽牡羊自然首當其衝，必須正面迎接土星帶來的現實壓力，也因為土星每兩年半走一個星座，走完十二個星座需要三十年，所以這會是一場三十年一遇的大考試。

但這種壓力往往伴隨著升官與成就。土星的正面壓力與負面壓力，往往都不是從天上掉下來的意外，而是隨著生命成長而不斷累積的責任。今年你遇到的土星壓力，很有可能是因為升了官，必須獨當一面，因而扛負起巨大的責任。雖然壓力很大，但這有可能會是你之前多年來一直追求、一直嚮往的地位，好不容易終於爬上了這個位置，當然不可能一遇到壓力就逃走。

在這段期間，不只是工作壓力，大環境可能狀況也不佳，再加上各式各樣的其他壓力，讓你分身乏術。但這一切，都是土星這個嚴格的教練給予的課程，它想要測試一下，看看你有沒有辦法在扛負重大責任的同時，還要力抗外界壓力，並且同時解決一些其他的小問題。事實上就算你沒辦法解決也得解決，硬撐過去就會過關。

雖然看起來很沈重，但還是有一些小技巧。首先要注意的是今年5月26日到9月1日，土星會在這短短的三個多月先進入牡羊試個水溫，你在這三個月會彷彿被當頭棒喝般忽然警醒。與其大呼小叫大嘆倒楣，不如張開雙眼，好好的看清楚資源在哪裡，漏洞在哪裡。三個月的震撼教育轉瞬即過，9月到明年2月會安穩許多，如果能趁著這五個多月好好的去補強，接下來明年 2 月土星正式進入牡羊之後，你會走得更穩當。

靈性能量大幅提升

3/31~10/22

海王星代表世代集體意識中的夢想，天上的海王星走得很慢，平均十二年到十四年才會走入不同的星座，走完十二個星座需要一百五十多年。當天上的海王星走進跟你的太陽相同星座時，你就會直接受到海王星影響，現實意識降低，靈性意識高漲。

在接下來的十幾年中，你會將目光從現實收回，開始變得柔軟，開始追求塵世間追求不到的靈性價值。但要注意的是平常我們對靈性的了解太少，未必能夠分得清是靈性還是騙局，因而必須特別留意受騙上當的問題。

大家可能會很疑惑，前一段不是說有現實責任，怎麼這一段又說有靈性需求？這是因為在 5 月 26 日到 9 月 1 日之間，重視現實的土星與重視靈性的海王星同時進入了牡羊，這段期間，原本虛無縹緲的海王星受到務實土星的影響，會想要為靈性做一些實際的事，雖然未必能成事，但這是一個很好的開始。先開一個頭，等到明年 2 月土星正式進入牡羊時，你就會很明確的知道該往哪裡走。

社會資源過度膨脹

2025/6/10~2026/6/30

木星代表社會資源，它會帶來金錢、人脈、知名度，以及樂觀正向的態度。雖然它是一顆吉星，但是從今年 6 月到明年 6 月，木星會對你的太陽造成負面影響。所謂的負面影響並不是樂觀度打折，而是因為過度樂觀而造成損失。

前面提到，今年 5 月 26 日到 9 月 1 日隨著土星進入牡羊，你會面臨現實壓力，又說從 6 月開始，你會過度樂觀。那到底是過度現實還是過度樂觀？

答案是兩者皆有，進而形成拉鋸，讓你感到很不快樂，而且覺得自己吃了大虧——先別急，「吃了大虧」很可能純粹是一種主觀感受，並非客觀事實。這個時候你必須要沉住氣，不要自亂陣腳，就能安然度過。

桃花來了

2/5~3/27,5/1~6/6

金星帶來愛與美，今年身為太陽牡羊的你很幸運，因為通常金星大約一年一度會進入跟你太陽相同的星座，但很幸運的是，今年金星會在 2 月 5 日到 3 月 27 日，與 5 月 1 日到 6 月 6 日兩度進入牡羊，在這兩段時間，你會發現自己光彩照人，不但人變美，人緣也變得非常好。如果想要換髮型、買衣服，趁著這段期間去買準沒錯。

上昇牡羊──資源湧入家庭領域

很多人搞不清楚太陽星座與上昇星座的差別，其實太陽星座，就是「太陽所在的星座」，而上昇星座，就是「上昇點所在的星座」。

由上昇點開始，畫出十二個生活情境，諸如戀愛、金錢、家庭、事業運等等，都得要先從上昇點畫出的十二個宮位，才能得知詳情。但也因為上昇點平均每隔兩個小時就會走入不同星座，所以必須要知道出生時間才能排得出來。

上昇星座會反映出一個人的出生環境，藉由這樣的出生環境，我們會養成一種人格面具，進而利用這種人格面具的各個不同面向，去面對人生中的不同處境。當一個人的上昇點落在牡羊，有可能是因為父母經濟較為拮据，也有可能正在忙於創業而不太有空可以管子女，上昇牡羊的人往往會出生在一個什麼都得靠自己的環境，他們從小就會習慣於自己管自己，自己打出一片天。

上昇牡羊的四宮（家庭領域）在巨蟹（跟親情有關），代表他們從小都靠自己打拚，當他們有能力成家時，就會更重視家人親情。一宮（個人形象）在牡羊（敢拚敢衝），代表他們從小獨斷獨行，養成了一種獨行俠形象。今年天上的木星（社會資源）會由雙子進入巨蟹，土星（現實壓力）會從雙魚進入牡羊，意謂著今年上昇牡羊在溝通領域、家庭領域、靈魂輪迴領域與個人形象領域，會有許多功課要做。

上半年好好探索新知

2024/5/26~2025/6/9

木星代表社會資源，它會帶來金錢、貴人與樂觀正向的態度。天上的木星平均每一年會走入不同星座，並隨著上昇星座的不同而進入不同的生活領域。也就是說，木星的社會資源，平均每一年都會進入帶著社會資源，點亮你不同的生活領域。

從去年 5 月到今年 6 月，木星進入了你的溝通領域，對於從事各式各樣溝通工作的人，包含了教育、大眾媒體、業務等工作，在這一年中會大有斬獲。即使不是從事相關工作，這一年也會對各式各樣的知識、溝通很感興趣。木星的社會資源有可能跟教育有關。

在這一年中，你會有很多學東西的機會，最常見的狀況，是你忽然發現在你家附近開了一堂你早就想學的課，藉由地利之便，就開始學了起來，也許學了以後發現自己很喜歡，就一路學下去。木星來來去去走得很快，它最重要的是藉由木星的資源，讓你有機會起一個頭，開始做某件事，也許做了喜歡，就一直做下去。這才是木星的最大意義。

下半年家庭領域資源灌注

2025/6/10~2026/6/30

從今年 6 月到明年 6 月，木星進入了你的家庭領域，在這段期間，你有機會在家庭領域中獲得很多資源，很多人會利用這段期間購屋置產。但木星不僅只是物質層面，也在於精神層面。在這段期間，你會因為比較有資源，而跟家人相處得比較愉快。大家常說「貧賤夫妻百事哀」，家人也是一樣，當家庭資源減少，家人就容易吵架，家庭資源變多，就算有什麼不愉快，大家吃吃喝喝玩玩，也就不容易將怨氣累積在心中。

但木星的資源並不只是拿來買房子或吃吃喝喝，它更重要的目標，是藉由家庭生活上的餘裕，去好好的打點家人之間的感情。大家常常誤以為只有原生家庭才是家庭，事實上並不僅止於此。如果過去跟原生家庭的感情不好，這會是最佳的修復良機，即使不想再修復，也可以去打點自己的家庭，尋找新的家人。甚至也可以買房或者裝修住居，藉由居住之處的舒適，來讓內心之家感到安穩。

靈魂探索即將結束
2023~2026

從 2023 年到今年，土星進入了你的靈魂輪迴領域，這會是一段做什麼事情都不對，找不到生存意義的時期。我們平均每三十年會遇到一次這個功課，雖然它讓人很不舒服，每天自傷自憐。

還好兩年多的人生低潮即將結束。

土星是一個嚴格的教練，它會藉由不得不去完成的現實壓力，讓人不得不去面對生命中的課題。但這種自傷自憐，也是一種靈魂的自療。透過「我什麼都不是」、「我的生活沒有意義」的低谷，我們才能思索「我到底是什麼」、「生活的意義是什麼」。

建立個人品牌責任大
5/26~9/1

今年5月26日到9月1日，隨著土星進入牡羊，也就是你的外在形象領域，你會開始面臨信心危機，你會感覺自己高不成低不就，落後了別人一大截，而且後生可畏，長江後浪推前浪。

這種壓力是健康的。從9月2日開始，土星最後一次逆行回了靈魂輪迴領域，在這段期間，你可以藉由「什麼都不想做」，進展到「我不想做什麼」，再進展到「我可以做什麼」、「我想做什麼」。

等到明年2月土星正式進入你的外在形象領域，它也會在這個領域大約待兩年半，雖然壓力很大，但是至少會是你想做的事，因而更能承擔責任。

每月中心德目

接下來，我們來看一下上昇牡羊今年每個月的生活重心，以及有哪些需要額外注意的時間點。

1月

這個月你會在事業上有很多表現的機會，諸如上台主持重要會議或上台報告，你會有很多站在聚光燈下讓眾人看到你的機會。如果能好好事先準備（不管是實質上的準備或心理準備），上台就能有亮眼的表現，能讓大家留下你很能幹的好印象，將來如果有工作機會，就會優先想到你。

2月

這個月的重心會放在社交生活，不管是新朋友、老朋友，你每天會有約不完的會、跑不完的攤。但其實這個月更重要的目的，是在結交盟友。上個月如果你在工作上有好表現，這個月正是拓展人脈網絡的良機。

此外，2月5日到3月27日天上的金星會進入你的外表形象領域，在這段期間，你不但會外表變美，而且會因為心情很美而對人很好，別人也因而對你很好，形成了一種良性循環。也因為這段期間人會真的變美，如果想要換髮型或者買很多新衣服，這會是個好時機。

3月

一反上個月的門庭若市，這個月忽然對各式各樣的事情都提不起勁，別說是社交，連工作都懶洋洋的不想做。也因為這個月沒有什麼非得處理的工作要做，意志一旦鬆懈，身體也開始不聽話，積壓了一整年的疲倦忽然浮上檯面。

你可能會很擔心自己是不是出了什麼狀況——如果身體不舒服，當然還是得要去看醫生——但往往很可能只是一種倦怠心態，導致由內而外的垮了下來。但這一切都是正常的，所謂「休息是為了走更遠的路」，這個月的休息，能讓你下個月更有精力面對生活。

4月

經歷了上個月的委靡不振，這個月會整個人煥然一新，忽然對生活有了很多新想法，對未來也有了許多新計畫。但要注意的是，這種振奮感，有可能會類似新年許願一樣，許願的時候很興奮，過了幾天就後繼無力。最好將這些想法、目標寫下來，並逐月規畫出進度，再依序完成，這樣才不會辜負這個月的新動力。

5月

這個月的重心會放在金錢領域，這個月可能因為某些原因，你會忽然發現原來自己賺得這麼少，原來存款這麼少，因而努力的開源節流。也因為你忽然對錢有興趣，或許真的能發展出新的開源節流之道，對未來的財務會很有幫助。

但最重要的是5月1日到6月6日，天上的金星再度進入了你的外表形象領域。今年年初2月5日到3月27日，天上的金星已經進入過你的外表形象領域，而今年因為金星逆行又順行，所以兩度進入你的外表領域，第二次讓你變漂亮。如果2月、3月衣服還買得不夠，這個月可以再來好好挑選、好好買一買。

6月

這個月的生活重心會放在溝通領域，如果從事的是教學、交通、大眾傳播媒體相關工作，這個月會因為溝通順暢而受益，如果從事的是業務工作，這個月也會因為有許多跟人坐下來慢慢聊的機會而帶來許多業務。

即使不是從事相關工作，你在這個月也會變得比較活潑好動，會很想約人出來喝喝咖啡，或者想要多多在社群媒體上發文。

7月

這個月的重心會放在家庭領域。你會發現，這陣子會有一些推不掉也無法假手他人的家庭瑣事要做，諸如水電、網路維修，房屋或戶籍相關處理，甚至有可能家人生病、就學或需要照顧，這些事情會佔掉很多時間、精力。也因為這些事情不宜假手他人，最好這個月不要排太多工作，否則工作與家庭兩頭燒，兩邊都不討好。

8月

這個月的主題是戀愛與創造，在這段期間，你會彷彿戴上玫瑰色眼鏡，看到世間的人事物一切都美好。也因為你看世間皆可愛，世間看你也可愛，因而形成了一種良性循環。如果想要脫離單身的話，這段期間最適合多多安排一些交友活動，多多結交新朋友。

可喜的是8月26日到9月19日天上的金星也進入了你的戀愛領域，金星帶來美與愛，在這段期間，你除了戴著玫瑰色眼鏡看世界的善意之外，更增添了金星的吸引力與愛意，尤其如果月初先藉由交友活動而認識了新朋友，8月26日到9月19日隨著金星進入戀愛領域，正可以繼續深入了解對方，穩固彼此的情感。

9月

這個月會把重心放在工作領域。這陣子可能會接到一個很重要的案子，就算平常再怎麼懶散，你都會因為這份工作太重要，因而不畏辛勤，每天早起晚睡，使命必達。

還好9月20日到10月13日天上的金星也進入了你的工作領域，所以忙雖忙，可是在過程中，你很容易受到同事的協助，也許是幫你買一點食物飲料，也許是貼心的關懷，讓你覺得內心很受用，即使工作很忙，但一路上都感覺自己被愛。也因為這段期間你很容易在工作上受到別人的幫助，別忘了也要隨時回報大家，這就是一種工作上的愛的循環。

10月

這個月的重心會放在伴侶關係，其中包含了婚姻、生活伴侶以及事業夥伴。這個月會有許多不能假手他人的事，必須要跟伴侶一起完成。也因為這些事會耗掉許多時間、精力，所以這個月千萬別排太多工作，以免兩邊都做不好，顧此失彼。

還好10月14日到11月6日天上的金星也進入了你的伴侶領域，在完成伴侶相關任務的過程中，你們會因為金星之助而感到愉快與善意，能夠用愉快的心情做好這些事。金星也是一個享樂之星，在完成任務之後，不妨好好的請另一半吃頓大餐，甚至規畫一趟小旅行，可以讓接下來一年的伴侶關係更融洽。

11月

這個月的重心會放在理財，而且不是薪水之類的自己賺的錢，而是跟遺產、集資、借貸、利息等相關的他人之財。如果從事的是保險與金融相關行業，這段期間會有很好的表現，即使不是從事相關工作，這段期間也會對各式的理財感興趣，不妨趁著這段期間好好的檢視自己的財務組合，將自己的財產結構調整得更健全。再加上11月7日到11月30日天上的金星也進入了理財領域，金星也跟錢財有關，因而這段期間你很容易因為才藝或和善態度而得到一些金錢。

12 月

這個月會把重心放在高等心智領域，如果從事的是學術、出版、宗教、哲學、旅遊與國際貿易，這個月會有很好的表現。即使不是從事相關工作，趁這段期間出國玩一趟，都會為你帶來很大的收穫。

Chapter 2

金牛座

十二個星座代表了個體化完成的十二個階段，金牛是第二個星座，也是個體化完成的第二階段。第一個階段是牡羊的「誕生」，當個體被生出來之後，就開始了金牛的「守成」。

十二個星座又分為「火、土、風、水」四種屬性，火象星座跟行動力有關，土象星座跟物質世界中實際的東西有關，風象星座跟各種溝通有關，水象星座跟情感有關。金牛是第一個土象星座，它代表最基本層次的物質——個人資源的累積。在個人星圖中，只要有星落在金牛，這輩子都會具有一定程度的務實、保守傾向，並且對資源累積很有概念。

金牛雖然比較保守，但他們最懂得物質世界的美好。原因在於金牛的關鍵字是「擁有」，當一個人擁有了物質，才能懂色聲香味觸的美好，這也正是「富過三代，才知穿衣吃飯」的道理。

本章要探討的內容，包含「太陽金牛」與「上昇金牛」。上昇星座會隨著出生時間而有所不同，請查一下出生時間（或至少有時辰也好），就能查出上昇星座是什麼。關於太陽星座與上昇星座的差別，請參考第 12 頁的內容。

太陽金牛——掌握創新最後機會

行事曆：請大家先把這五個日子登記在行事曆上，提醒自己千萬別錯過這些重要運勢。

◆ 1/1 生活上的大革命

◆ 1/1 龐大精神壓力開始湧現

♥ 6/7 桃花來了

♥ 9/20 桃花來了

♥ 12/25 桃花來了

「太陽金牛」是指每一年在 4 月 21 日（可能會有前後一天的誤差）到 5 月 21 日（可能會有前後一天的誤差）之間出生的人。

我們的星圖中，有著太陽、月亮等十顆不同的主要行星，它們就像是人生大戲中的十個主要演員，分別扮演了不同角色，而其中主角中的主角，就是太陽。太陽是我們每個人主觀意識想要達到的人生目標，所以它跟我們每天的生活是否順利，尤其往往跟工作息息相關。當一個人的太陽位於金牛，這個人的太陽，就會用金牛的特質來發光發熱，太陽金牛的人個性比較保守，做事比較謹慎，最討厭華而不實。

我們每個人依據出生時間的星空而打出的星圖，稱為「本命星圖」，當天上的行星與本命星圖產生互動，就會產生運勢的影響。對太陽金牛來說，2025 年最重要的運勢，就是代表變化的天王星即將離開金牛，過去幾年的動盪，終於即將結束。

生活上的大革命

1/1~7/7,11/9~2026/4/26

天王星是一顆前衛之星，它代表高科技、新思潮，它也會帶來出乎意料的大變革。天上的天王星大約每七年走一個星座，它從2018年開始，在金牛停留了七年。在這七年中，太陽金牛都陸續感受到生活上的大變革。有的人換了工作，也有人換了另一半，也有人忽然爆紅，種種生活上的大改變，讓生性按部就班的太陽金牛大感吃不消。

不過也因為太陽金牛往往過度保守，天王星帶來的變革對太陽金牛來說，可說是人生難得的大解放。在這七年間，很多太陽金牛遇到了一些契機，讓他們去做以前不敢做的事——甚至可能是一些不得不為的巨變，逼著他們不得不去面對。而當一切塵埃落定，太陽金牛回頭看時，可能會發現，這幾年大膽做出的生活決定，對日後大有幫助。

在這七年間，有的人結了婚又離了婚，有的人創業爆紅卻又摔到谷底，又從谷底翻身，重新站上事業高峰。也有的人遇到身體上的疾病，身體一下邊好，一下變差，有時神采奕奕，有時委靡不振。但天王星有如雲霄飛車，它固然有可能讓你摔得很低，但也可能帶你衝衝衝，衝上前所未有的高點。更重要的是，天王星就算帶來意外，也不會讓人痛苦太久，就算摔了一跤，休息一下，你就會站起來。

也因為天王星走了七年，今年來到了金牛末端（23度到30度），因而對出生在金牛座後端，也就是出生於5月11日到5月20日的太陽金牛影響最大，5月11日之前出生的太陽金牛，應該前幾年都已經受過天王星的震撼教育，現在只需要沿著改革之路緩步向前，就可以走向更好的未來。

今年天王星會在 7 月離開金牛前往雙子，並在 11 月最後一次回到金牛，一直停留到 2026 年 4 月，之後就一去不回頭。太陽金牛如果想要再來幾場生活上的大革命，這是最後機會，千萬不要錯過。

龐大精神壓力開始湧現
1/1~12/31

冥王星代表世代集體意識中的控制欲，冥王星走得很慢，它大約會在一個星座停留十二年到三十二年，當冥王星進入一個星座，整個世界就會對集體對某一件事物產生強烈興趣，非得要拿到不可，往往也因此會形成大產業，深入政商關係的結構中。

天上的冥王星進入不同星座，會對有些人形成正面影響，讓他們意志集中、奮鬥不懈，也會對某些人形成負面影響，雖然也會讓他們意志集中、奮鬥不懈，但卻是以一種負面的方式，例如受到長官的權威壓迫，或者受到父母的情緒勒索，讓他們在心理壓力較大的情況下意志集中、奮力向前。

從今年起，天上的冥王星正式進入寶瓶，會在寶瓶展開一趟大約長達二十年的漫長旅程。受到冥王星的負面影響，你會感受到許多來自外界的壓力——但不用太擔心，因為不會每一年都這麼累，而是會在特定的兩三年感受到真正的壓力，其他的時間則是情境還在，可是不至於真的壓到喘不過氣。今年壓力最大的會是 4 月 20 日到 4 月 27 日之間出生的金牛前段班，壓力越大，責任也越大，你需要耐著性子、放緩腳步，熬過這一陣子就會柳暗花明。中後段太陽金牛則需要先鍛鍊自我，迎向接下來的冥王星挑戰。

桃花來了
6/7~7/4,9/20~10/13,12/25~12/31

金星是一顆愛與美之星，當天上的金星跟你的太陽形成正面影響，你就會光彩照人，不但外觀變美，親和力也會增加，會讓大家都想要靠近你。但如果天上金星跟你的太陽造成負面影響，你就會難以抗拒金星的誘惑，忍不住想要亂買東西、亂花錢。

所謂「金星對你產生正面影響」，是指天上的金星走進金牛，此時金星籠罩你的太陽，你會變得更美、更受人歡迎。所謂「變美」，並不只是一個單純的形容詞，而是你有可能在這段時間真的變漂亮，如果想要買衣服、換髮型，這會是年度最佳時機。這段期間尤其適合談戀愛，如果想要脫離單身，這段期間務必請多安排幾場交友活動，你一定能展現出耀眼光彩，成為大家矚目的對象，你也能從中挑出適合交往的人。從另一個角度來說，這段期間由於你比較不那麼嚴肅，比較願意放下身段好好去玩，因而很容易發覺對方是個有趣的人，進而更有機會跟別人交往，這就是一般人常說的「有桃花」。

此外，9月20日到10月13日金星進入處女，12月25日到明年年初金星進入摩羯，它們同屬土象星座，也會從旁對你帶來幫助。除了買衣服、談戀愛之外，這兩個時段更適合社交，最宜結交新盟友。

上昇金牛——拓展生活收穫新知

上昇星座會隨著出生時間的不同而有差異，大約每兩個小時，上昇星座就會改變，想知道自己的上昇星座的話，必須要有出生時間，或至少要有出生時辰。上昇星座之重要，在於從上昇點開始，畫出了十二個生活領域，而當天上的行星進入了不同的生活領域，這個領域就像是開了燈一樣，開始有戲要演。

上昇星座是一個時空座標，經由你出生的經緯度與時間，描述出你的出生環境。藉由不同的出生環境，我們形塑出一種人格面具——人格面具並不是一種「假面具」，它是一種經由童年而養成的一種應對模式，它是一種直覺反應、習慣反應，一種「調調兒」，它會隨著生活中的不同面向，而有著不同的反應。

金牛代表著物質世界的資源，上昇金牛通常出生在物質資源比較充裕的環境，既然資源比較充足，不需要搶一口保命飯，因而他們都會有一種比較悠哉悠哉的外在形象（跟個人形象有關的一宮落在金牛）。也因為他們從小比較受到家庭的保護，所以面對跟外界時，經常會相當羞怯（跟溝通有關的三宮落在巨蟹）。也因為上昇金牛出生於物質資源較為充裕的環境，因而對朋友比較慷慨，不太計較（跟朋友有關的十一宮落在雙魚）。

今年隨著代表社會資源的木星，會從雙子進入巨蟹，也就是從你的金錢領域走入溝通領域，以及代表社會現實的土星，會在雙魚與牡羊來來回回，也就是在你的社交領域與靈魂輪迴領域來回，你會有相關功課要做。

上半年好好多賺點錢
2024/5/26~2025/6/9

木星代表社會資源，它帶來金錢、貴人、新想法與樂觀的心態。天上的木星每一年都會進入不同的星座，從去年5月底到今年6月，木星十二年一度進入了上昇金牛的金錢領域，因而上昇金牛會感受到手頭真的變得比較寬鬆。

但木星的好運畢竟一年就過，想要投資的人，必須要趕在6月前獲利了結。否則那些錢放著放著，6月之後也會逐漸消失。最好的方式還是拿來投資自己，如果以前有一些課程覺得太貴而捨不得上，現在正是掏錢出來的最好時機。學了就是你的，這是任何人都拿不走的真正資源。

下半年踏出舒適圈，拓展世界
2025/6/10~2026/6/30

天上的木星6月前在金錢領域，6月後進入溝通領域。當你上半年好好的充實了荷包，下半年就會更有餘裕去探索世界。

前面提到，上昇金牛的人因為童年物質資源較為優裕，也比較受到家人的保護，因而在面對外界時，通常會比較退縮。也許你的內心很活潑，也很願意跟外界往來，但因為小時候很少有機會跟大家玩在一起，長大以後面對著周遭陌生環境時，第一時間就會習慣性的先退一步。也就是說，也許你並不是一個不擅長溝通的人，但你會習慣性的羞怯，習慣性的想要只跟認識的人溝通，如果環境很陌生，你寧可閉嘴，也不願意表達自己的想法。

不過6月之後木星進入了你的溝通領域，正是一個讓你練習好好的溝通、探索的好機會。木星代表社會資源，它帶來金錢、貴人、正向樂觀的態度，更重要的，是它會藉由物質資源帶來餘裕，讓你覺得失敗了也沒關係，失敗重來就好，因而會有勇氣多做嘗試。

天上的木星會在一個星座停留一年的時間，從今年6月到明年6月會進入你的溝通領域，這個時候會有一些社會資源降臨，鼓勵你踏出舒適圈，在無痛的狀態下多多見識一下世界。舉例來說，也許你早已心儀某個大師，在這段期間他忽然開了課，課程很便宜，地點也不遠，你去上課之後，不但大有收穫，也認識了老師、同學，交了一些新朋友。也有可能在你家附近有一間店，你每天經過時都想進去瞧瞧，剛好這段期間他們辦了一個活動，或推出一個商品，讓你有動力推門進去，結果一試成主顧，也因而多認識了許多人，結交了新朋友。

大家常常以為木星所謂的社會資源就是錢，事實上不然。木星最大的功能，是製造出一個「新機會」，它給你一個契機、一個動力，去做許多以前想做卻沒有勇氣去做的事。對於總是待在舒適圈的你來說，好好掌握今年的木星資源，能為你開拓出更寬廣的視野。

同儕團體的實際責任
2023~2026

前面提到，你有一點輕微的社交恐懼，面對陌生人會有點退縮（跟溝通有關的三宮領域落在巨蟹），因而只要能成為你的朋友，你對他們會有無止境的包容（跟社交好友有關的十一宮落在雙魚）。前兩年你應該會在朋友圈遇到一些問題，讓你質疑對朋友的無止境付出是對的嗎？這是因為代表現實與壓力的土星進入了雙魚，也就是你的社交領域。

土星是一個嚴格的教練，它總是藉由現實的壓力，讓我們學會人生中不能不學的功課。天上的土星平均每兩年半走入一個星座，因而會隨著你的上昇星座的不同，進入不同的生活領域，帶來當頭棒喝，讓你學習這個領域的功課。

你一定有發現，你在朋友圈中，有著濫好人的形象。對很多人都很好的缺點，就是會有人利用了你的好心來佔你便宜。在過去的兩年間，你應該已經吃過相關苦頭，如果能從中學會怎麼應對，以後就比較不容易被人佔便宜。

靈魂輪迴的深度叩問
5/26~9/1

天上的土星大約每兩年半會走入不同星座，因而會進入你的不同生活領域。前兩年土星都在你的社交領域，讓你做了許多跟朋友有關的功課，接下來的兩年半，土星即將進入靈魂輪迴領域，讓你叩問靈魂生存的意義到底在哪裡。

今年 5 月 26 日到 9 月 1 日的短暫三個月間，土星會初次進入靈魂輪迴領域，這段期間你會感到身心俱疲，不想面對世界。還好 9 月以後土星會暫時回到社交領域，你的憂鬱現象會大幅好轉。不妨趁著這三個月好好的尋找資源，不管是好的諮商師，或者是信得過的朋友，等到明年 2 月土星正式進入靈魂輪迴領域，你就會擁有較多資源，讓你可以渡過身心低潮的兩年。

每月中心德目

接下來，我們來看一下上昇金牛今年每個月的生活重心，以及有哪些需要額外注意的時間點。

1 月

這個月的重點會放在高等心智領域，如果從事的是研究、出版、法律、宗教、旅遊與國際貿易相關工作，這個月會有很突出的表現。即使不是從事相關工作，這個月也會對各式各樣異國文化很感興趣，很想要閱讀、搜尋許多國外資訊。如果時間跟預算允許，不如乾脆為自己安排一趟假期，出國玩一玩，收穫一定會很大。

2 月

這個月會在工作上有很好的表現。或許是上台主持會議，或許是要上台發表報告，在這段期間，你會有很多機會站在聚光燈下面發光發熱。也因為這是年度最受人矚目的時間，事前準備得越周全，就可能會表現得越好。表現得越好，就越能讓眾人留下好印象，留下好印象的話，下次有工作機會就會想到你。形成了一個職場上的善的循環。

3月

這個月會有很多跟人社交的機會，你有可能有很多跟老朋友或新朋友見面的機會，也有可能會藉由這些機會，從新朋友中篩選出一些志同道合的人，這些人有可能會成為日後的盟友。

4月

一反上個月的熱鬧，這個月會進入進入安靜狀態，整個人變得懶懶散散，別說是跟朋友見面、出去玩，就連工作也有一搭沒一搭，非常的委靡不振。但這種安靜狀態是健康的，在一整年的積極奮發之後，你在這個月中，將所有的時間精力留給靈魂——雖然乍看之下你只是每天躺著不做正事，但你的靈魂很需要這個月的喘息，等到下個月才會有足夠的精力全新出發。

5月

一反上個月的委靡不振，這個月整個人像是忽然醒過來一樣，不但變得活力十足，而且對未來充滿想法，躍躍欲試。不過要注意的，是這種亢奮感，就跟新年新希望一樣，很快就會過去。想要讓這些想法落實，最好還是將這些想法具體化找出目標，並且規劃出進度，照著進度去做，對未來才會真的有幫助。

6月

這個月會把重心放在賺錢上。或許因為種種的理由，你會發現你賺的錢實在太少，銀行存款也實在太少了，因而想盡各種方法來開源節流。這種心態很健康，如果能透過這個月對金錢的關注而找到生財方法，會對接下來的一整年的財務很有幫助。

此外，6月7日到7月4日天上的金星會進入你的個人形象領域，金星是愛與美之星，當它進入了你的個人形象領域，你就會變得更美麗、更受人歡迎，也因為受人歡迎而更注重形象。如果想要買新衣服、換新髮型，這會是年度最佳時機。如果想要脫離單身，這段期間也適合去安排一些交友活動。

7月

這個月會把重心放在各種跟溝通有關的領域，如果從事的是教學、大眾傳播媒體或面對面的業務工作，這個月會有很好的表現。即使不是從事相關工作，你在這個月也會變得更為活潑好動，很想要去到處走走，很想要跟別人分享你的經驗。

除此之外，這也會是一個學習之月。你會忽然對學東西很感興趣，因而會發現不管是實體課或網路課，原來有這麼多好玩的課可以上。不如報一堂上上看，很可能會上課上出興趣，創造出新的可能性。

8月

這個月會有一些跟家庭有關的實際事務需要處理，也許是土地或家庭資產轉移、水電維修、租約或戶籍相關事務，甚至有可能是家人身體不佳需要照顧，這些都是不宜假手他人，最好親自處理。也因為這些事都會花掉一定程度的時間、精神，這個月最好不要排太多工作，以免顧此失彼，兩邊都做不好。

可喜的是 8 月 26 日到 9 月 19 日金星也同時進入了你的家庭領域，金星帶來愛與美，藉由金星的滋潤，你會跟別人在情感上更靠近。當金星進入你的家庭領域，最適合在跟家人處理完複雜的家庭瑣事之後，跟家人好好的吃幾頓飯，甚至安排一趟小旅行，好好的增進家人之間的感情。

9月

這個月是個桃花之月，你像是戴上了玫瑰色眼鏡看世界，發現世間人事物皆可愛，也因為你看世界以可愛，世界也覺得你很好親近，很願意跟你靠近。在這段期間，你會覺得有歌想唱、有詩想寫、有人想愛，因為內心充滿了快樂，因而有很強烈的創作欲望。

再加上 9 月 20 日到 10 月 13 日天上的金星也進入了你的戀愛領域，金星原本就代表愛與美，當它進入你的戀愛領域，更是威力不凡。會放電的金星，就像是撒下金粉般，讓你變得更耀眼也更有趣，也因為你變得更有趣，別人也會更想要親近你。也因此，如果想要脫離單身的話，現在正是年度最好的交友時機，在這段期間，你會很有機會從眾多追求者中挑出適合的對象。即使對戀愛沒興趣，這也會是有創造力的一段時間。你可以多多去欣賞各式各樣的藝術演出，如果有靈感的話，也不妨寫一些筆記，甚至寫出自己的創作。

10月

這個月會火力全開的拚工作。這一陣子可能接到了一個重要的案子，就算平常再怎麼吊兒郎當的你，都會因為這份工作的重要，因而願意早起晚睡，每天幾乎一睜開眼，就想著工作。這陣子健康狀況也會變得特別好——但與其說是健康狀況變好，不如說是因為太想完成任務，就算是真的有一點不舒服，也會用意志力強壓過去。所以在這段期間，反而要經常提醒自己，該休息就休息。

可喜的是 10 月 14 日到 11 月 6 日天上的金星也進入了你的工作領域，金星帶來愛與美與人緣，讓你在工作上很容易遇到貴人，你的工作同仁都對你很好，工作內容也讓你很開心。也因為金星擅長交際，很懂得禮尚往來，在這段期間，當你在工作上接收到別人的幫助後，最好都能回個小禮物，甚至請對方吃頓飯，這會是讓善意延續的好方法，以後的在工作領域中的貴人，就會越來越多。

11 月

這個月會花很多時間、精力來處理伴侶相關事務，其中包含了工作上的合作夥伴，以及情感生活上的另一半。也因為這些事務都需要雙方一起合作、解決，所以這個月千萬不要排太多工作，否則蠟燭兩頭燒，兩邊都做不好，會惹來很多怨言。

還好 11 月 7 日與 11 月 30 日天上的金星也進入了你的伴侶領域。處理伴侶事務，有時候不免容易產生摩擦，有可能會讓人覺得委屈，但金星會帶來愛與美，就算過程中遇到一些不愉快，藉由金星充當潤滑，摩擦也比較容易消失。更重要的是，金星也跟享樂有關。當任務結束之後，如果能好好的跟伴侶吃頓飯，甚至安排一段旅行，一起去玩一玩，這會對接下來一整年的伴侶關係有很大的幫助。

12月

這個月會花很多心思在理財上，而且不是那種每個月賺多少薪水，要如何量入為出的錢，而是保險、集資、借貸、投資、遺產等等跟他人有關的錢。如果從事的是金融相關行業，這個月會有亮眼表現。尤其12月1日到12月24日天上的金星也進入了你的理財領域，藉由金星的長袖善舞，會為你得到更多財源。

不管是上昇的外在表現、下降的潛意識互補、天頂社會舞台的地位，或者是天底內心之家的渴望，它們都是一種我們想要的自我形象投射。

——摘自《上昇星座：生命地圖的起點》

Chapter 3

雙子座

雙子是黃道上的第三個星座，代表了社會化的第三個階段，繼牡羊的「誕生」、金牛的「守成」之後，個體進入了「溝通」階段。

雙子、天秤、寶瓶這三個星座是風象星座，風象星座都跟溝通有關，它們分別代表了溝通的三種層次。雙子代表的是最基本的溝通，也就是自說自話。大家會發現星圖中雙子很強的人通常很友善，他們會是那種「很好聊」的人，他們並不太講大道理，講話很風趣。不過從另一個角度來說，雙子也是最怕冷場的人，他們不太能忍受空氣忽然安靜，因而永遠都會不斷找話題，就算對方沒什麼話可聊，他們也有辦法自己一直講下去，讓整個場子保持一定的熱度。

不過雙子擅長的溝通，純屬心智溝通，而非情感交流，即使跟別人聊心事，也往往只會停留在「聊」心事的層面，而不會真正的將自己的感情宣洩出來。

本章要探討的內容，包含「太陽雙子」與「上昇雙子」。上昇星座會隨著出生時間而有所不同，請查一下出生時間（或至少有時辰也好），就能查出上昇星座是什麼。關於太陽星座與上昇星座的差別，請參考第 12 頁的內容。

太陽雙子──社會資源獲利了結

行事曆：請大家先把這五個日子登記在行事曆上，提醒自己千萬別錯過這些重要運勢。

◆ 1/1 社會資源獲利了結

◆ 1/1 大運降臨攀爬天梯

◆ 5/26 現實壓力即將減輕

♥ 7/5 桃花來了

♥ 10/14 桃花來了

「太陽雙子」是指每一年在 5 月 21 日（可能會有前後一天的誤差）到 6 月 21 日（可能會有前後一天的誤差）之間出生的人。

我們的星圖中，有著太陽、月亮等十顆不同的主要行星，它們就像是人生大戲中的十個主要演員，分別扮演了不同角色，而太陽是我們每個人主觀意識想要達到的人生目標，尤其跟工作運非常有關。當一個人的太陽位在雙子，這個人的太陽就會以雙子的特質發光發熱，他們都會善於溝通，如果從事跟溝通有關的工作會格外有利。

天上的木土天海冥，代表了外在環境的不同面向，當天上的木土天海冥與你的太陽形成特定角度，外在環境就會隨著角度的不同，而對你的生活造成正面或負面的影響。今年天上的木土天海冥都跟太陽雙子形成角度──這種事情相當少見，也由此可見，今年會是太陽雙子很熱鬧的一年。

社會資源獲利了結

1/1~6/9

木星代表社會資源，它包含了金錢、人脈、知名度、點閱率、好感度與正面樂觀的態度。木星平均每一年走一個星座，它從去年五月底就已經進入雙子，身為太陽雙子的你，想必從去年下半年，就開始感受到社會資源帶來的正面幫助，不但容易賺到錢，也容易擴充人脈，容易打開知名度，也容易在事業上更上一層樓。

但也因為木星一年就會換一個星座，把握木星社會資源必須動作快。太陽雙子經過了去年大半年的資源挹注之後，今年必須要思考如何將資源兌現。不管是金錢投資、新知學習，或者是事業經營，由於木星 6 月 10 日就要離開雙子，因而必須要在此之前獲利了解或做一定程度的成果驗收。否則下次再等木星進入雙子，要等十二年。該收割則收割，否則放到過期，資源就會白白不見。

現實壓力即將減輕

5/26~9/1

土星代表社會現實帶來的現實，土星平均兩年半會移動到不同星座，土星從2023年3月開始進入雙魚，當天上的土星進入雙魚，就會跟太陽雙子形成緊張關係，讓太陽雙子感受到許多現實壓力。土星帶來的都是不得不面對的課題，就像該付的房租不能不付、該交的作業不能不交，它每隔幾年就會來考考大家日子是否過得扎實。經歷了兩年土星的現實功課，今年 5 月 26 日到 9 月 1 日，隨著土星的影響力逐漸遠離，太陽雙子總算稍微可以喘一口氣。不過從 9 月 2 日開始，土星的影響力再現，這一波現實壓力會一直延續到 2026 年 2 月 14 日，之後太陽雙子的壓力就會大幅減輕。

大家讀到這裡可能會感到有些困惑，前一段不是說太陽雙子受到木星的社會資源之助，為何這裡又說會受到現實壓力？原因也很簡單，因為從去年下半年到今年上半年，木星跟土星這兩顆星本來就互相拉扯，讓大家該大膽也不是，該謹慎也不是，而太陽雙子剛好首當其衝，因而更會感受到進退兩難的困擾。

大運降臨攀爬天梯

1/1~12/31

天王星、海王星、冥王星的行進速度很慢，影響時間很長，當它們對你的太陽產生影響時，都會是人生中難得的大運。今年 7 月 8 日到 11 月 8 日天王星短暫進入雙子，前衛的天王星帶來巨大的改變，太陽雙子會立刻感受到生活與工作上的氣象一新，不過今年這四個月天王星只能算是小試身手，給太陽雙子一個小規模的震撼教育，等到 2026 年 4 月天王星正式進入雙子時，太陽雙子就會迎接一場為期七年的生活大革命。

今年 3 月 31 日到 10 月 22 日海王星終於要離開雙魚，太陽雙子也終於擺脫了海王星的負面影響。海王星讓人不切實際，過去十幾年間，海王星的負面能量，都在不同程度的削弱太陽雙子，還好今年 3 月底到 10 月太陽雙子稍微脫離海王星影響，等到明年1月26日以後，太陽雙子就能撥雲見日了。

冥王星帶來強大的意志力，也帶來大權與大錢。冥王星走得很慢，影響時間也很長，雙子與寶瓶都是風象星座，今年冥王星正式進入寶瓶，時間長達二十年，藉由冥王星進寶瓶之助，太陽雙子即將開始攀爬人生的高峰。

但也因為冥王星走得很慢，今年冥王星進入的是寶瓶座前段，對出生於5月21日到5月28日的太陽雙子前段班影響特別大，你會發現自己的毅力、耐力都變強，事業野心也變得比較大，即使以前再怎麼散漫度日，現在都會變得很積極，想要好好的闖出一番事業。

桃花來了

7/5~7/31,10/14~11/6

金星代表愛與美，當天上的金星走入跟你的太陽同樣的星座，金星就會像是撒金粉一般，為你的太陽增添美麗的色彩。7月5日到7月31日天上的金星進入雙子，身為太陽雙子的你，這段期間會散發美麗的光彩。你會顯得神采奕奕，充滿喜悅，大家都想要接近你。想要脫離單身的話，這段期間一定要多安排一些交友活動。此外，這種美感並不只是抽象的美，它更會表現在你真的變美上，因而這會是年度最適合換新髮型或買新衣服的時機。

10月14日到11月6日天上的金星進入同屬風象星座的天秤，它會從旁輔助，讓你受人歡迎，但不會讓你成為目光的中心，可說是一種社交桃花，用來談生意或交際最有利。

上昇雙子──金錢領域收穫滿滿

很多人搞不清楚自己的上昇星座，原因是上昇星座需要出生時間。上昇星座是「上昇點所在的星座」的簡稱，「上昇點」是一組時空座標，它會隨著你的出生地點的經緯度與出生時間而改變。想要知道自己的上昇星座，最好是去戶政事務所申請出生證明，或至少要知道出生時辰。

上昇星座代表了我們的出生環境，經由出生環境而形塑出一種人格面具，它是一種讓我們應對世界的直覺反應。在十二星座中，雙子最注重互動，這是一個很怕冷場的星座，當一個人的上昇點落在雙子，代表他出生於一個人來人往、很熱鬧的環境。在我認識的上昇雙子中，有的人小時候父母在菜市場做生意，有人小時候家中開裁縫店，也有的人家中開家教班。經過這樣的童年養成，長大以後自然會比較好聊，很好相處。

上昇星座的人格面具會隨著不同的處境，展現不同風貌──這正是由上昇點切出十二個宮位情境帶來的影響。上昇雙子出生在比較熱鬧的環境（一宮外表宮落在熱鬧的雙子），見多人來人往，金錢方面會格外謹慎（二宮金錢宮落在保守的巨蟹）。上昇雙子的事業觀比較滑溜、虛無（十宮事業宮落在雙魚），但他們很重義氣，對朋友特別好（十一宮社交宮落在牡羊）。以上這幾個生活領域，上昇雙子今年都有功課要做。

上半年建立自我品牌
2024/5/26~2025/6/9

木星代表社會資源，它不但會帶來金錢、人脈、知名度，更重要的是它會帶來樂觀、正向的態度，讓我們更有勇氣去挑戰未知的領域。天上的木星平均每年走入不同星座，因而會隨著上昇星座的不同，狹帶著社會資源，為期一年，點亮不同的生活領域。

從去年 5 月到今年 6 月，木星進入的是你的外在形象領域，在這段期間，你會忽然感受到自己被社會看到，多少會有一點揚眉吐氣的感覺。如果能趁著上半年好好的經營自我品牌，會對接下來的幾年都很有幫助。

下半年有利可圖
2025/6/10~2026/6/30

從今年 6 月到明年 6 月，木星會進入你的金錢領域。木星進入金錢領域很令人有感，因為再怎麼缺錢的人，在這一年期間，都會覺得手頭稍微寬鬆一些，稍微可以不用再勒緊褲頭，斤斤計較。但木星進入金錢領域的真正目的，並不是讓你隨便揮霍或躺著享受。前面提到，木星進入一個星座的期間大約一年，也就是說，木星進入你的金錢領域，讓你覺得財務寬裕並不是一種常態，這種金錢上的寬裕，如果不做任何努力，明年 6 月木星離開之後，你又會感覺到財務上的匱乏了。

由此可見，木星最重要的並不是帶來金錢，金錢來來去去，並不可靠，人脈或知名度會比金錢更有利。但木星最重要的，其實是帶來樂觀的心態，以及勇於嘗試錯誤的餘裕。當我們財務狀態緊繃，就不會有勇氣做新嘗試，因為不容許失敗。但如果永遠只打安全牌，路會越走越窄。藉由木星的餘裕與樂觀，讓我們可以探索世界，因而找出一些不同的方向。

木星代表的不只是物質資源，它也包含了精神資源，也就是文化與智慧。如果能夠趁著木星進金錢領域時，花錢去學一些本領，即使日後木星離開，你學會的東西卻成為你的永久資產，永遠不會離開。

用錢去換一個新技能，用錢去找出一條新活路，這才是木星真正的價值。

事業舞台站穩腳步
2023~2026

在年度運勢的評估中，最重要的就是木星與土星這兩顆社會星。木星代表社會資源與樂觀的態度，土星則代表了社會現實帶來的限制，它會透過現實的壓力與不容樂觀的態度，讓人謹慎以對。也就是說，木星與土星就像紅蘿蔔與棒子，當木星進入了某一個生活領域，你就會很樂觀、很開心的去做這相關功課，當土星進入了某一個生活領域，往往就會有一些外在現實處境，逼著你不得不好好的去盡責、去應對，去學好這個領域的功課。

天上的土星大約兩年半會走入不同的星座，進入你的不同生活領域，從 2023 年 3 月開始，土星進入了你的事業領域。回想這兩年，你在事業領域是不是有時候忙著打地基，有時候努力救火。但仔細想想，需要做這些事，正是因為你的事業已經到達一定高度，到了必須受到現實檢驗的程度。

今年從5月26日到9月1日，隨著土星短暫離開你的事業領域，你會忽然彷彿肩頭一輕，等到9月2日土星重回事業舞台時，不妨對自己做一個小小檢討，等到明年2月土星完全離開事業領域時，這一次土星在事業領域的功課也就功德圓滿了。

社群團體初試水溫
5/26~9/1

前面提到，今年從5月26日到9月1日，土星會短暫離開你的事業領域，它前往了社群團體。在這段期間，你會在志同道合的朋友圈中感受到責任感，也許以前對很多議題都是玩票性質，但現在忽然覺得義不容辭，必須要更努力推動。

這是土星第一次到你的社群領域試水溫。9月以後土星會重回事業領域，除了好好對事業領域收尾，你也不妨趁著壓力不大，稍微想一下，到底怎樣的社群團體是你真正想要的，到底怎樣的朋友值得你付出。這麼一來，等到明年2月土星進入社群領域，你就會走得更順暢。

每月中心德目

接下來，我們來看一下上昇雙子今年每個月的生活重心，以及有哪些需要額外注意的時間點。

1月

這個月的生活重心會放在理財領域，而且不是單純的賺多少、花多少的量入為出，而是諸如集資、借貸、保險、投資、遺產等等跟他人有關的金錢領域，如果是從事金融相關行業，這個月會有很好的表現。即使不是從事相關工作，也不妨利用這個月對財務的興致，好好檢視一下自己的資產，可能會有意想不到的收穫。

2月

這個月會對高等心智相關領域很感興趣，如果從事的是高等教育、研究、文化、宗教、旅遊或國際貿易相關工作，這個月會有很好的表現。即使不是從事相關工作，這個月也會對各式各樣的異國文化、哲學議題很感興趣，所謂「行百里路勝讀萬卷書」，這個月不如乾脆安排一趟異國旅行，你一定能獲得很大的收穫。

3月

或許是主持重要會議或上台報告，這個月你會站在事業舞台上，受到眾人關注。也因為會受到眾人目光關注，如果能事先好好準備，不只是充實內在涵養，也要多多留意外在形象，上台時就能讓眾人留下好印象。這麼一來，日後如果有好的工作機會，就會先想到你，形成一種事業上的良性循環。

4月

這個月會有很多跟朋友見面、交際應酬的機會。在占星學中，事業舞台之後接的是社交舞台，有其道理。當我們先在事業舞台上有好表現，被眾人看到之後，如果能夠好好的結交盟友，就更能開疆闢土，擁有更大的影響力。

5月

一反上個月在社交生活上的活躍，這個月會息交絕遊，進入退縮內省狀態。這個月也許沒有什麼非完成不可的任務，人稍微精神鬆懈下來，身體也開始變得懶洋洋，甚至生起一些小病。但這種委靡不振的感覺是健康的，人總不能一年到頭每天都活力十足，「休息是為了走更長遠的路」，這個月就好好的放自己一個假。

6月

經過了上個月的委靡不振，這個月忽然有如重生，對人生忽然有了很多新想法，會有一種過新年般，想要重新做人的振奮感。不過這種振奮感很容易隨著時間淡去，最好的方法，還是一一將這些想法寫下來，並排出時程表，接下來照著時程表照表操課，隨時檢視進度，這樣才有辦法真的完成目標。

7月

這個月會把重心放在理財。或許是因為繳了一大筆錢，你忽然發現原來你賺的錢這麼少，存款也這麼少，於是開始認真的開源節流。如果能真的找到幾條開源節流的方式，會對財務有很大的幫助。

此外，這個月天上的金星會進入你的外表領域。金星帶來愛與美，當它進入你的外表領域，你就會貨真價實的變美。而且會因為外表變美，你會變得不太容易生氣，因為生氣不美麗，因此不值得生氣。也因此，這段期間你的人緣也會變好。既然這個月會變美，如果想要換髮型或買很多新衣服，這當然會是年度最佳時機。

8 月

這個月會有很多面對面溝通的機會，如果是從事教學、大眾傳播媒體與業務工作的話，這個月會因為跟別人溝通的機會增加，因而容易有好表現。就算不是從事相關工作，這個月也會充滿好奇，想要到處走走看看聊聊。

再加上天上的金星也會在 8 月 26 日到 9 月 19 日進入你的溝通領域，這個時候，不管是你所見的或你所說的，都會因為受到金星的影響而變得更美、更有意思，也更吸引人。如果從事傳播相關工作，不妨在 8 月的上半月多多講一些知性、理性話題，吸引眾人目光。並在 8 月 26 日之後，改以感性話題，讓你的受眾可以更喜歡你。

9 月

這個月的重心會放在家庭生活，也許你得要處理一些實際的家庭事務，諸如戶籍或房地產相關事宜、安裝水電網路，甚至家人送醫、就學，這些事情或許並不嚴重，但都是不宜委託外人去辦的家庭雜務，因而必須特別將時間空出來。也因為這個時候你有可能會分身乏術，所以最好不要排太多工作。

也因為9月20日到10月13日天上的金星也進入了你的家庭領域，當你花了一個月去處理完家庭事務，當然應該多花一些錢，花好跟家人一起去吃幾頓大餐，好好的犒賞家人，這樣可以讓家人關係更親密。

10月

這個月會是一個創造與戀愛的月份，你會忽然對整個世界的人事物覺得很有興趣，整個世界都鳥語花香了起來。在這段期間，你會彷彿戴著玫瑰色眼鏡看世界，當你覺得世界很美好，世界也會回報你以美好，形成一種良性循環。

再加上10月14日到11月6日天上的金星也進入了你的戀愛領域，透過金星愛與美的能量，你會顯得更為引人注目。如果想要談戀愛的話，一定要好好掌握這段期間，多多安排一些交友行程。即使不打算戀愛，利用這段期間的好心情，不管是參加藝術活動或創作，都會留下美好的記憶。

11月

這個月會把重心放在工作上。或許是因為接到了一個很重要的任務，就算平常再怎麼懶散，這個月也會非常奮發，每天早起晚睡，使命必達。也因為責任心很強，就算身體有一些不舒服，也會用意志力撐住。但這對身體不見得是好事，所以一定要記住，雖然想要使命必達，但如果累了，一定要多多休息。

此外，11月7日到11月30日天上的金星也進入了你的工作領域，金星帶來愛與美，在這段期間你會發現，雖然工作很累，但你的工作夥伴都對你很好，給你很多情緒上的支援。等到任務完成之後，別忘了請工作夥伴們吃點東西，或送一些禮物給工作夥伴。如此一來，接下來的工作會更順。

12 月

這個月會把重心放在伴侶關係，其中包含了生活上的伴侶與工作夥伴。這陣子會有一些無法假手他人，需要跟伴侶一起處理的實際事務，它們會花掉你很多時間，所以一定要預先把工作排開，把時間留下來，以免工作跟伴侶關係兩頭燒，兩頭不討好。值得高興的是 12 月 1 日到 12 月 24 日天上的金星也進入了你的伴侶領域，前面提到，這個月會有很多跟伴侶有關的實際事務，因而很容易擦槍走火，引發紛爭。透過金星的愛與美，可以大大和緩緊張氣氛。

也因為這個月是個能量良好的伴侶之月，如果想要脫離單身的話，大可以多多安排一些交友活動，必然會大有收穫。

Chapter 4

巨蟹座

巨蟹是黃道十二星座中的第四個星座。黃道十二個星座，代表了社會化的十二個階段，個體在經歷了前三個階段，也就是牡羊的「誕生」、金牛的「資產擁有」、雙子的「溝通」之後，進入了第四階段，也就是巨蟹帶來的「家庭觀念」。

十二個星座又分為「火、土、風、水」四種屬性，火象星座跟行動力有關，土象星座跟物質世界中實際的東西有關，風象星座跟各種溝通有關，水象星座跟情感有關。巨蟹身為第一個水象星座，它代表的是最基本的情感，也就是親情。

對於巨蟹來說，最重要的是家人般的親情，而非對不對、成不成功或開不開心。也因此，他們最重視的是你是否能跟他們產生家人般的認同，如果可以，你就是自己人，如果不行，你就不是自己人。如果你是自己人，萬事皆可談，如果不是自己人，萬事皆難談。

本章要探討的內容，包含「太陽巨蟹」與「上昇巨蟹」。上昇星座會隨著出生時間而有所不同，請查一下出生時間（或至少有時辰也好），就能查出上昇星座是什麼。關於太陽星座與上昇星座的差別，請參考第 12 頁的內容。

太陽巨蟹——社會資源眾望所歸

行事曆：請大家先把這七個日子登記在行事曆上，提醒自己千萬別錯過這些重要運勢。

◆ 3/31 靈性學習由易轉難

◆ 5/26 現實壓力順轉逆

◆ 6/10 社會資源降臨

❤ 1/4 桃花來了

❤ 3/28 桃花來了

❤ 8/1 桃花來了

❤ 11/7 桃花來了

「太陽巨蟹」是指每一年在 6 月 22 日（可能會有前後一天的誤差）到 7 月 22 日（可能會有前後一天的誤差）之間出生的人。

我們的星圖中，都會有太陽、月亮等十顆主要行星，它們就像是人生大戲中的十個演員，分別演出不同的角色。而其中最重要的主角，就是太陽。太陽是人生的火車頭，它代表了人生目標，尤其與工作是否順遂息息相關。而行星位在哪一個星座，這顆行星就會藉由這個星座的特質來發光發熱。當一個人的太陽位在巨蟹，這個人在思考人生重要問題與重要決定時，都會以巨蟹的情感考量為最高指導原則，他們都會是很重感情的人。也因為太陽巨蟹重感情，當天上的行運吹向重感情時，他們就會受惠，如果反之，他們日子就會過得不順。

今年木星代表的社會資源即將進入巨蟹，身為太陽巨蟹的你，當然會感受到資源的灌注，值得好好把握。

社會資源降臨
2025/6/10~2026/6/30

木星是一顆吉星，天上的木星平均每一年走一個星座，它會帶來社會資源，其中包含了金錢、人脈、知名度、點閱率、好感度與正面樂觀的態度。木星可說是一顆流行風向球，天上的木星走到哪一個星座，在這一年中，社會的流行風向就會吹向這個星座的相關事物。從今年6月到明年6月，隨著天上的木星進入巨蟹，社會風向都會吹向跟情感有關的事物，而最重感情的太陽巨蟹會是最大獲利者。

行運又有大中小運的差別，一年走一個星座的木星，可說是一種中等行運。它以一年為期，雖然不足以攀爬人生高峰，但對於中型任務來說，它很適合從啟動完整的走到結尾，最後漂亮的劃上句點。

不過也因為木星走得很快，一年一眨眼就會過去，因而不妨趁著上半年木星還沒有進入巨蟹前，就先開始規劃，先好好想一下自己想要的是什麼，想一想自己在生活與工作上有什麼值得突破的地方，等到6月木星一進入巨蟹，就能立刻承接這些社會資源，為自己開創出新局面。也因為木星的好運只有一年，太陽巨蟹幫自己設定目標時，一定得要是一年內能夠完成的目標，否則目標太高，就有可能投入過度的成本卻無法回收，反而浪費了木星好運。

現實壓力順轉逆
5/26~9/1

土星代表現實壓力，天上的土星平均兩年半走一個星座，當天上的土星進入不同星座，就會對不同星座帶來各式各樣的壓力。前兩三年天上的土星在雙魚，巨蟹與雙魚都是水象星座，彼此的能量可以和諧互助，在過去的兩三年，天上的土星在雙魚，它為太陽巨蟹帶來的是合理的壓力。藉由合理的壓力，太陽巨蟹都能慢慢的讓自己進步，慢慢讓自己變強。不過土星會在接下來的兩三年進入牡羊，土星牡羊會對太陽巨蟹造成負面影響。

土星的正面影響與負面影響的差異，在於之前許多行得通的政策，現在變得行不通。舉例來說，也許前兩年遇到太陽巨蟹前兩年遇到的經濟壓力，可以透過撙節開支就可以應付，兩年下來的確鍛鍊出省錢的本領，但在接下的兩三年，太陽巨蟹會發現，光是省錢已經不足以應對現實壓力，必須要發展出新的技能，讓自己再向上提升，才有辦法存活。

這也是土星要教我們的功課。我們活在地球上的每一天，都受到土星現實法則的控制。面對土星功課，裝傻或哭鬧都無用，你必須要冷靜、務實，好好看清楚現實，並且針對現實做出改善。而在一次又一次完成了土星功課之後，我們都能發現自己站穩了現實生活中的腳步。

靈性學習由易轉難

3/31~10/22

天上的海王星大約十多年會走一個星座，天上的海王星在過去的十多年一直停留在雙魚，雙魚跟巨蟹同屬水象星座，因而太陽巨蟹在過去的十多年間，都會程度不同的接收到海王星的正面能量，很容易得到各式各樣的靈性與藝術資源，也很容易因為受到藝術之助而抗壓力變強。

不過從今年開始，隨著海王星由雙魚走向牡羊，牡羊跟巨蟹之間具有緊張關係，當海王星進入牡羊，海王星就會對太陽巨蟹形成負面影響。最顯而易見的，是太陽巨蟹會覺得比較無法集中意志，體力也變得比較差。

海王星最負面的影響，就是讓人心虛、卻步，進而相信一些旁門左道，誤入歧途。有的人可能會在錢財上、情感上受騙，也有人在信仰上受騙，導致身心受創。想要應對海王星帶來的負面能量，首先必須要先能體認到身心感到虛弱的狀況是正常的——人不可能一輩子都精力暢旺，有幾年感到虛弱，其實是正常且健康的，不要怕，不要慌。先有了這個心理建設，就比較不會誤入歧途。

海王星今年 3 月 31 日到 10 月 22 日短暫進入牡羊，可說是讓太陽巨蟹先有了一場震撼教育，等到明年 1 月底海王星正式進入牡羊，就要好好的正式面對海王星的功課了。

桃花來了

1/4~2/4,3/28~4/30,8/1~8/25,11/7~11/30

天上的金星大約三個禮拜會走入不同的星座，為不同星座帶來桃花。今年 8 月 1 日到 8 月 25 日金星走入巨蟹，太陽巨蟹受到天上金星的幫忙，會顯得更為有人氣，更美也更受歡迎。

至於 1 月 4 日到 2 月 4 日、3 月 28 日到 4 月 30 日、11 月 7 日到 11 月 30 日，在這些期間，金星分別進入雙魚與天蠍，雙魚、天蠍跟巨蟹同屬水象星座，彼此能量可以和諧互助，在這些時段，太陽巨蟹都會心情愉快，人緣也變好。

也因為金星是愛與美之星，如果想要換個髮型或買新衣服，一定要好好把握這些日子。

上昇巨蟹——全新週期嶄新起跑

上昇星座是「上昇點所在的星座」的簡稱，而「上昇點」是根據我們出生時間與經緯度而訂出來的一組專屬於我們的時空座標。我們的星圖中，都會有十二個宮位，它們代表了生活中的十二個領域。而上昇點是本命星圖中的一宮起點，它代表了我們經由出生時的外在環境，形塑出的一種人格面具，這種人格面具會影響到人生的各個面向。

當一個人的上昇落在巨蟹，就會出生在一個相對溫和、充滿親情的環境，因而長大以後，也會成為個性溫和之人（一宮落在巨蟹），但他們在事業領域非常拚命且不講情面（十宮落在牡羊），這一種個性上的強烈落差，很容易會使他們在事業上樹敵，很容易被視為雙面人。

我們依據著出生時間、地點而有的上昇點，將我們定錨在地球上，從而展開了這輩子的一生。有了上昇點之後，我們才有辦法知道天上的行運現在進入了哪一個生活領域，是哪個生活領域被行運給點亮。今年木星的社會資源會從雙子走進巨蟹，上昇巨蟹一定會很明顯的感受到社會資源重新降臨的喜悅。而土星的現實壓力則會由雙魚走進牡羊，也就是走進了上昇巨蟹的事業領域，它會帶來事業上的困境，也會凸顯上昇巨蟹事業上不講情面的那一面。

上半年社會資源轉向靈性層面

2024/5/26~2025/6/9

木星代表社會資源，其中包含了金錢、人脈、知名度與正向樂觀的態度。天上的木星平均一年走一個星座，因而進入不同的宮位。當木星進入不同宮位，在這個宮位的相關領域，就會得到社會資源的挹注。從今年 6 月開始，為期一年的時間，木星會進入巨蟹，上昇巨蟹的你會覺得人生彷彿整個亮了起來。

從去年 5 月到今年 6 月，上昇巨蟹都會感受到社會資源的遠離。雖然不見得遇到了什麼倒楣事，但多少會覺得自己似乎成了隱形人，工作表現不突出，社交生活沒有樂趣，雖然不至於缺錢但也沒什麼錢。生活中的各項評比都乏善可陳，心情也隨之低落。尤其對接案維生的自由工作者來說更為困難，因為從去年下半年開始，老客戶變得有一搭沒一搭，新客戶則幾乎完全不上門，頗有即將要喝西北風的恐懼感。還好從今年 6 月開始，隨著木星進入巨蟹，上昇巨蟹會覺得自己重新被社會看見，新案子、新計劃應接不暇，生活彷彿充滿了新希望。

下半年社會資源重新降臨

2025/6/10~2026/6/30

不過問題是木星帶來的社會資源也會讓人沖昏頭，尤其經歷了去年 5 月到今年 6 月一整年的壓抑，上昇巨蟹會對「終於被人看到、終於被人肯定」這件事太過熱衷，以致於看到什麼機會都不願意放手，陷入過度亢奮狀態。也因此，上昇巨蟹一定要謹記「要選最好的，而不是選最早的」。木星的好運會從今年6月到明年6月，一整年的時間都停留在巨蟹，上昇巨蟹會有一整年的時間可以從長規劃，不用急著做決定。

天上的木星每年走一個星座，每十二年會走回原來的星座。今年6月起木星進入巨蟹，對上昇巨蟹來說，都會是一個十二年週期的新開始。在這段期間，與其手忙腳亂的抓著各種新機會不放，還不如好好的思索自己應該要建立起怎樣的個人品牌，好好的想一想自己在接下來的十二年，想要成為怎樣的人，想要過怎樣的生活，這才是上昇巨蟹今年的當務之急。

高等心智的考驗 2023~2026

土星代表社會現實帶來的重責大任。天上的土星在一個星座大約停留兩三年，在過去的兩年多時間，它停留在你的高等心智領域，如果你是研究生，或從事教育、文化、出版、旅遊或國際貿易，過去兩年一定會因為土星而疲於奔命。

不過土星雖然嚴苛，但它也是個好教練，你在高等心智領域上，經過土星兩年的調教，不知不覺奠定了堅實的基礎。

事業領域搶佔灘頭堡

5/26~9/1

土星從今年 5 月 26 日到 9 月 1 日會短暫進入牡羊（也就是上昇巨蟹的事業領域），在這三個月中，上昇巨蟹很可能會忽然在事業上被委以重任，這可能會是一個期待已久、實至名歸的升遷，可是升遷過程絕不輕鬆，而且才一上手，就遇到棘手問題。

不過今年這三個月的土星壓力，由於時間短，所以比較像是一個壓力測試，在三個月為期的測試中，考考你經營事業舞台、統御眾人的功力。等到明年 1 月 27 日以後，隨著土星正式進入你的事業舞台停留兩年半，就會是真正扛負重任登上大位的時候了。

每月中心德目

接下來，我們來看一下上昇巨蟹今年每個月的生活重心，以及有哪些需要額外注意的時間點。

1 月

這個月的生活重心會放在伴侶領域，會有一些必須要跟伴侶一起做的實際任務要完成，其中包含了親密關係中的伴侶與事業夥伴。既然有任務要完成，不妨藉此跟伴侶好好討論一下，深入取得雙方共識，這會對接下來一整年的相處大有幫助。

此外，由於天上的火星從 1 月 7 日到 4 月 18 日都停留在你的外在形象領域，你在這段期間雖然活力充沛，但也容易冒冒失失得罪人，需要特別留意。

2月

這個月的重心會放在跟他人有關的金錢上，舉凡借貸、保險、合資、財產，在這個月都會有一些必須完成的課題。不妨利用這個月，好好檢查自己的保險保單或投資負債，調整一下理財模式。

3月

這個月會對異國文化與高等心智相關領域很感興趣，多多接觸新知。如果從事的是高等教育、研究、文化、出版、旅行或國際貿易，這段期間都會有很多表現機會。即使不是從事相關工作，也很適合出國玩一趟，你一定會收穫滿滿。

4月

這個月會把重心放在事業舞台，也許這個月會有一些上台報告或主持重要會議的機會，讓你在事業舞台上發光發熱。不過前面也提到，上昇巨蟹都會給人一種溫和的形象，但他們在事業上很拚、很衝，容易給人雙面人印象。這個月拚事業的同時，也要稍微顧及他人想法。千萬不要過於心急而得罪人，平白樹敵很不划算。

5月

這個月的重心是社交與公益。在這個月中，會有很多朋友之間的聚會，而些聚會有可能不只吃吃喝喝，而是具有一定程度的公益目的。好好掌握這個月攏絡友誼，這些朋友將來有一天會成為你的盟友。

6月

這個月沒有什麼急需完成的重要任務，會是息交絕遊的一個月。很多人會在這段期間大病一場，在家睡好幾天——這件事反而很健康。我們一整年或許都被工作所逼或親情所逼，用意志力硬壓著讓自己不能垮下。但我們畢竟總會有疲累的時候，這個月趁著沒有大事，在家閉門不出，好好讓自己休息一下，未來才能走得更遠。

7月

一反上個月的委靡不振，這個月會感到容光煥發，彷彿所有的精神都回來了，對生活、對工作、對未來也很有想法。不過這種振奮感，很可能像是新年許願一般，很容易隨著時間而淡去，結果一事無成。如果想要讓想法成真，最好是將這些想法寫下來，並且規劃出可執行的計畫——每一季應該達成怎樣的目標、每個月應該進度要做到哪裡。這麼一來，你在這個月想出來的新計畫，才有辦法按部就班完成。

8月

這個月可能會因為一些因素，例如忽然繳了一大筆錢，你會發現，原來自己賺得這麼少，原來存款這麼少，因而金錢意識大漲，開始努力的尋求開源節流之道。但如同各式各樣的衝勁，這個月對金錢的衝勁，也可能會隨著時間而淡去。如果想要保持對金錢的敏銳度，應該要好好的藉由這個月對開源節流的研究，列出實際可行之道，並且規劃出進度，每個月檢討這個月的收支，這樣就能對財務造成真正的幫助。

此外，8月1日到8月25日天上的金星進入了你的外表領域，金星帶來愛與美，當它進入了你的外表領域，你就會由外而內真的變得很美。你會因為變美而心情愉悅，因為心情愉悅而待人親切，因而人氣提升，而這一切又會讓你心情更好，形成良性循環。也因為這段期間你會真的變漂亮，如果想要換髮型或買很多新衣服，這會是年度最佳時機。

9月

這個月會對各種溝通相關的事物很感興趣，會有很多跟人面對面接觸的機會。如果從事的是教育、大眾傳播媒體相關工作，這個月會有很好的表現，如果從事的是業務相關工作，這個月也會因為跟別人接觸的機會增加，而有機會拿到很多業績。

即使不是從事相關工作，這個月也會有興趣到處走走，或者去參加一些小型講座，讓生活增添新趣味。

10月

這個月會有很多家庭事務需要操煩。也許是戶籍移轉、房屋買賣、水電網路維修，甚至有可能是家人生病需要照顧，這些事情都是不宜假手他人的事情，因而需要特別挪出時間來處理。也因此，這個月請不要排太多工作，免得工作與家庭兩頭燒，兩邊不討好。

11月

這個月是一個桃花之月，在這段期間，你看世間人事物皆美好，而世間人事物也以美好來回報你。這個月的重點在於跟世界談一場戀愛，你會充滿玩心，心中有歌想唱，有詩想寫，因為心中有愛，所以充滿了創作能量。

更值得注意的，是 11 月 7 日到 11 月 30 日天上的金星也進入了你的戀愛領域，金星帶來愛與美，因而你會更有戀愛與創作的動能。如果想要脫離單身，請務必多多安排一些交友活動，即使不想談戀愛，這也會是一個創作力滿點的時刻。

也因為金星是一顆愛美之星，這段期間你會對打扮很有興趣，如果想要換髮型或買很多新衣服，這也會是個絕佳時機。

12月

這個月會被重心放在工作上。這陣子可能你接到了一個重要的任務，就算平常再怎麼懶散的你，都會因為這個任務太重要而戰戰兢兢，每天早起晚睡，希望能夠使命必達。這會是鬥志最堅強，絕對不容許自己怠惰的一個月。但也因為鬥志堅強，就算身體有一些小小的不舒服，都會被意志力給壓下去。所以反而要提醒自己多多休息，免得一旦累垮，對身體會造成很大的影響。

Chapter 5

獅子座

獅子是黃道十二星座中的第五個星座。黃道十二個星座並不是東一個西一個不相干的東西，它們代表的是個體化完成的十二個階段。當前四個星座，牡羊、金牛、雙子、巨蟹分別完成了人類最基本的生存模式之後，到了獅子座時，個體開始到了展現自我、展現想法、展現創意以博取掌聲的階段。

十二個星座又分為「火、土、風、水」四種屬性，火象星座跟行動力有關，土象星座跟物質世界中實際的東西有關，風象星座跟各種溝通有關，水象星座跟情感有關。每一種屬性都有三種位階，以火象星座來說，牡羊是第一位階，它是一種把自己給創造出來的戰士型的行動；獅子是第二位階，它是開始展現自我，開始想博得稱讚的行動。

對獅子來說，取得眾人的關注、取得眾人的讚賞，是最重要的事。因而獅子是最為大眾化的星座，他們很理解曲高則和寡。

本章要探討的內容，包含「太陽獅子」與「上昇獅子」。上昇星座會隨著出生時間而有所不同，請查一下出生時間（或至少有時辰也好），就能查出上昇星座是什麼。關於太陽星座與上昇星座的差別，請參考第 12 頁的內容。

太陽獅子──扛負責任更上層樓

行事曆：請大家先把這七個日子登記在行事曆上，提醒自己千萬別錯過這些重要運勢。

◆ 3/31 靈性啟發初試水溫

◆ 5/26 社會責任小試身手

◆ 7/8 動蕩不安即將結束

❤ 2/5 桃花來了

❤ 5/1 桃花來了

❤ 8/26 桃花來了

❤ 12/1 桃花來了

「太陽獅子」是指每一年在 7 月 23 日（可能會有前後一天的誤差）到 8 月 22 日（可能會有前後一天的誤差）之間出生的人。

我們的星圖中，都會有太陽、月亮等十顆主要行星，它們就像是人生大戲中的十個演員，分別演出不同的角色，而太陽是最重要的主角。太陽是我們的人生目標，也是人生的火車頭，它關係到我們每一天主觀意識是否能被人讚賞。當一個人的太陽位在獅子，這個人的太陽就會用獅子的特質來發光發熱，他們熱情而單純，很喜歡被人稱讚，自視甚高，很愛出風頭也很愛面子。

今年會讓太陽獅子最有感的，是代表社會現實的土星短暫進入牡羊，它會用相對正向的方式，讓太陽獅子更加努力，因而比較容易得到社會成就。而代表前衛與意外的天王星也終於準備離開金牛，太陽獅子總算不必再過著雲霄飛車般的生活。

社會責任小試身手
5/26~9/1

土星代表社會現實與壓力，雖然乍聽之下沒有人喜歡壓力，但我們活在現實世界，如果缺乏現實感與壓力，光是靠著樂觀與衝動是不行的。只是壓力也分為正面壓力與負面壓力，如果遇到的是正面壓力，它就會在合理的範圍內督促你，讓你可以慢慢的學會一些本領，慢慢的打下雄厚基礎。

天上的土星大約兩年半會走入不同的星座，因而會對不同人造成不同影響。今年 5 月 26 日到 9 月 1 日，天上的土星會短暫進入牡羊，牡羊跟獅子都是火象星座，彼此能量可以和諧互助，當天上的土星進入牡羊，太陽獅子就會感受到土星的正面壓力，它會是一種期許與責任感，並且在合理的範圍內，催促著太陽獅子要更上一層樓，要更顧好現實面。

也因為土星帶來的是正面壓力，它不會忽然排山倒海把人壓垮，它就像一個好教練，會考量太陽獅子目前的抗壓程度，每天丟一點功課給太陽獅子做。只要太陽獅子願意跟隨著土星，每天走一小步，兩三年之後，太陽獅子會發現自己不知不覺的已經爬到了社會高峰。

不過今年土星只短暫的進入牡羊三個月，要等到明年 2 月 15 日才會正式進入牡羊待兩年多。因此，今年 6 月到 9 月的土星正面影響，可說是一種預先磨合的預演，當太陽獅子可以適應土星的責任感之後，隨著明年 2 月土星正式展開正向影響，太陽獅子就可以跟著土星教練合作無間，開始攀爬人生高峰。

動蕩不安即將結束
7/8~11/8

天王星是一顆前衛之星，它會帶來革命，也會帶來動盪。天上的天王星在過去的七年間都對太陽獅子產生負面影響，帶來許多生活中的震撼教育。有的人可能換了老闆、換了工作，有的人可能婚姻或工作夥伴出問題，也有的人搬家或有一些家庭成員的變動。但無論如何，由於天王星帶來的是負面影響，因而過去幾年間，天王星帶來的變動，都會是一種打雷閃電般的意外，事前毫無徵兆，意外迎面而來。

不過也因為今年天王星已經走到金牛尾巴，因而對出生在比較後段的太陽獅子，也就是 8 月 13 日到 8 月 22 日出生的太陽獅子影響最大。對於 8 月 13 日之前出生的太陽獅子來說，前幾年已經經歷過天王星的震撼教育，今年需要花一點時間精力，建立起生活的新常軌。

今年天王星影響太陽獅子的時間，會從開年開始，一直到 7 月 7 日。從 7 月 8 日到 11 月 8 日的四個月時間，天王星的影響力消退，太陽獅子終於可以恢復平穩安靜的生活，不過到了 11 月 9 日，天王星的不穩定，又會最後一次影響到太陽獅子。也因為這是天王星最後的影響，不管太陽獅子喜不喜歡，都應該要盡量保持正面心態，迎接天王星帶來的變化，等到明年 4 月 26 日之後，天王星的力量就會遠離，太陽獅子這幾年來的動盪，到此完全結束。

靈性啟發初試水溫
3/31~10/22

海王星是一顆靈性之星，當它發揮正面影響時，就會帶來靈性，當它發揮負面影響，就會帶來不切實際的幻想。

天上的海王星大約十多年會走一個星座，今年即將要從雙魚走進牡羊，當海王星走進牡羊，就會為太陽獅子帶來正面影響。從今年 3 月 31 日到 10 月 22 日，大約半年多時間，可說是海王星正式演出前的預演，在這段期間，太陽獅子都會感受到靈性的震撼，尤其是出生於 7 月 23 日到 7 月 29 日的太陽獅子前段班，這半年多很可能會很有靈性緣，也許認識了一些大師，也許接觸了一些身心療法，讓你感受到靈性的奇妙。

到了 7 月 30 日，海王星的預演會暫告一段落，太陽獅子會像從一場甜美的午覺中醒轉，回到現實生活。不過海王星留下的甜美印象並不會消失，等到明年 1 月 27 日海王星再度形成影響力之後，太陽獅子就會展開一場為期十幾年的靈性之旅。

桃花來了
2/5~3/27,5/1~6/6,8/26~9/19,12/1~12/24

金星是愛與美之星，天上的金星大約三個禮拜會走入不同的星座，會為不同星座帶來桃花。對於太陽獅子來說，天上的金星進獅子的那三個禮拜，也就是今年 8 月 26 日到 9 月 19 日，當然會是太陽獅子最受人歡迎的時間。如果想要換髮型或買衣服，這當然會是最好時機。想要脫離單身的話，這段期間也應該要多安排一些交友活動，你一定會大受歡迎。

2 月 5 日到 3 月 27 日、5 月 1 日到 6 月 6 日、12 月 1 日到 12 月 24 日，天上的金星分別進入牡羊、人馬，由於它們跟獅子同屬火象星座，能量可以互相協助，在這些時間中，太陽獅子也都會發現自己變美，變得更受歡迎。

上昇獅子──靈性資源反躬自省

上昇星座是「上昇點所在的星座」的簡稱，而「上昇點」是根據我們出生時間與經緯度而訂出來的一組專屬於我們的時空座標。從上昇點開始，我們得以畫出十二個宮位，也就是生活中必有的十二個生活領域，藉由上昇點的存在，我們展開了這輩子的旅程。

上昇點會反映出我們的出生環境，出生環境形塑出我們的人格面具，而我們會戴著這個人格面具去應對人生中的各種面向。上昇獅子通常會出生於比較有名望的家庭，因而從小就會養成一種出生於名門之後的自覺，不管做什麼事的第一直覺，都是「不辱門風」。從這樣的人格面具出發，他們對朋友圈的經營都很有一套（十一宮社交領域落在雙子），他們對老朋友、新朋友都很重視，而且往往可以請老朋友帶新朋友，再把新朋友變成老朋友。但也因為他們為人大方，沒什麼金錢概念（八宮資產領域落在雙魚），別人就算欠他們錢不還，他們往往也沒什麼辦法。

今年的木星社會資源，會從雙子走進巨蟹，也就是會從上昇獅子的社交領域走入靈修領域，而今年土星的社會現實壓力，會從雙魚走到牡羊，也就是會從上昇獅子的資產領域走到高等心智領域，上昇獅子會在這些領域有功課要做。

上半年社交領域大展身手

2024/5/26~2025/6/9

木星代表社會資源，其中包含了金錢、人脈、知名度與正向樂觀的態度。天上的木星平均一年走一個星座，因而進入不同的宮位。當木星進入不同宮位，在這個宮位的相關領域，就會得到社會資源的挹注。去年 5 月到今年 6 月，天上的木星進入雙子，也就是上昇獅子的社交領域，本來就已經很愛交朋友的上昇獅子，受到木星帶來社會資源之助，會花更多的時間、金錢來結交更多朋友，而更多新朋友又會帶來更多的社交圈，讓上昇獅子忙得不亦樂乎。

下半年回歸靈性，安靜生活

2025/6/10~2026/6/30

不過從今年 6 月開始為期一年，隨著木星進入巨蟹，也就是上昇獅子的靈修領域，上昇獅子們都會覺得生活變得冷清了起來。賺錢的機會變少，新業務與新想法變少，老朋友與新朋友的往來也變少，讓向來喜歡熱鬧的上昇獅子很不習慣。

天上的木星每一年走一個星座，十二年走完十二個星座相對應的十二個生活領域，都各有各的熱鬧，唯獨進入靈修領域，會讓人息交絕遊。但這種清靜是有意義的，因為這段期間的社會資源暫時休息，都是讓上昇獅子重新調整腳步，重新思考到底自己真正想要的生活是什麼。想通了這一點之後，等到明年 7 月木星進入獅子，上昇獅子就會宛如新生，重新出發，展開新一輪木星十二年旅程。

理財功課得好好學 2023~2026

上昇獅子有個大毛病，生性大方的他們，為了好面子，往往都會是搶著付帳的人。當朋友跟他們借錢，他們往往無法拒絕，如果朋友欠錢不還，他們也不好意思去跟朋友催討。如果上昇獅子不缺錢，欠錢不還當然無所謂，問題是這兩年上昇獅子特別缺錢。

上昇獅子具有奇妙的金錢概念，他們對自己的錢很謹慎、很嚴謹（因為二宮在處女），但他們對他人的金錢很沒概念（因為八宮在雙魚）。也就是說，他們在賺自己的錢時很努力，很願意公事公辦，長時間加班也不介意，可是一旦遇到跟他人相關的金錢，例如別人欠錢不還，或者是家族爭產，他們就兩手一攤、一籌莫展。

土星代表了社會現實，當天上的土星進入了不同生活領域，就會帶來這個領域的功課，而它往往跟現實生活中的資源受限有關。從 2023 年 3 月開始，隨著天上的土星進入上昇獅子的資產領域，不管原先再怎麼不缺錢的上昇獅子，這兩年都會覺得手頭很緊。

土星的功課人人躲不過，當天上的土星進入資產領域，上昇獅子就得要好好的做一下金錢功課，該討的債要討，該爭的財產要爭——這樣才是健康的人生。

心智領域更上層樓

5/26~9/1

不過也還好天上的土星即將離開資產領域，今年5月26日到9月1日，土星會短暫進入上昇獅子的高等心智領域，讓上昇獅子思考一下人生哲學議題，從9月2日到明年2月14日會最後一次回到資產領域，上昇獅子如果能趁著最後機會學好資產功課，之後就可以在金錢方面走得更為穩當。

每月中心德目

接下來，我們來看一下上昇獅子今年每個月的生活重心，以及有哪些需要額外注意的時間點。

1月

這個月的生活重心會放在工作，可能有一些非得完成的任務，讓你不得不打起全副心力，每天早出晚歸。但也因為身心過度處於使命必達狀態，其實很容易生病，所以格外要提醒自己必須要好好休息。

尤其從1月7日到4月18日，長達三個多月的時間，由於天上的火星進入了你的靈修領域，因而無法在現實生活中展現活力。在這段期間，你會很容易疲倦，很容易生病，如果硬要努力工作，則很容易會因為精神無法集中而受傷。

2月

這個月的生活重心會放在伴侶關係，其中包含了生活伴侶與事業夥伴。這段期間都會有一些必須要跟伴侶一起處理的實際事務。既然如此，不如趁這個機會，好好跟伴侶溝通，好好奠定接下來一年伴侶關係的基礎。

3月

這個月會遇到金錢議題，而且會是跟他人有關的資產議題，舉凡借貸、保險、投資、募資、遺產、稅務，都很容易成為這個月的生活重心。而這類的資產議題通常都比較複雜，甚至有可能會牽涉到別人。雖然麻煩，卻也是個重新了解、調整自己資產配置的機緣。

此外，3 月 28 日到 4 月 30 日天上的金星也同樣走入了跟他人資產有關的領域，藉由金星的和氣生財，可以大幅降低 3 月份因為金錢而跟他人產生的摩擦。尤其如果從事的是保險、金融相關工作，藉由金星帶來的人和，可以讓你的工作表現更加出色。

4月

這個月會對各種高等心智領域相關事物很感興趣，如果正在讀研究所，或者從事出版、旅遊、異國貿易相關工作的話，這個月會非常有表現機會。對一般人來說，這個月會對異國文化很有興趣，如果能出國玩一趟會更有收穫。

一反前幾個月精神不濟的狀況，4 月 19 到 6 月 17 日，隨著天上的火星進入獅子，上昇獅子的你也會感覺到活力重新回到了你身上，你會因為精力充沛而更加活躍。

5月

這個月在工作領域上會表現得很好，尤其應該要把握各種上台發表的機會，因為你的出色表現，會令人留下深刻印象，也為接下來一整年的工作打下基礎。

6月

這個月會把重心放在社交舞台，會有很多跟各式各樣朋友聚會的機會，雖然略感疲於奔命，但過程都很有趣。好好的籠絡這些朋友，他們可能會在生活中各個層面成為支持你的力量。

隨著天上的金星從6月7日到7月4日進入你的事業舞台，這段期間，你很容易會因為美麗與親和力而受到大眾喜愛，不妨多多掌握上台機會，讓大家留下好印象。上個月我們也提到應該要掌握上台機會，不過5月的重點會放在工作表現，6月的重點會放在展現親和力，兩者都掌握好，這一年的工作運就會很好。

此外，6月18日到8月6日，隨著天上的火星進入上昇獅子的金錢領域，你會對賺錢這件事充滿幹勁，只要能賺錢，就算加班加到地老天荒也不累。不過火星也會帶來火氣，在這段期間，很容易會因為金錢而跟人起糾紛，結果反而引發更大麻煩，需要特別留意。

7月

這個月會懶洋洋的提不起勁，什麼事都不想做。從另一個角度來看，能夠懶洋洋甚至生一場小病，也是因為這陣子沒有什麼急迫的任務必須完成。所以懶洋洋是健康的，不要因此感到慌張或自責。休息是為了要走更長遠的路。

8月

經歷了上個月的懶洋洋，從上個月底開始，你會有一種重回人間的感覺。不但精氣神十足，而且對未來也充滿想法，應該要趁著這個月，好好的想一下未來這一年應該要怎麼規劃。

此外，8 月 26 日到 9 月 19 日天上的金星會進入獅子，上昇獅子都會感受到自己變美、變得受歡迎，也因而更有美的自覺。如果想要換個髮型或買很多新衣服，這會是一年中絕佳的時機之一。

9月

這個月會放很多心力在賺錢上。或許是因為這陣子繳了保險費或各式各樣的原因，你忽然發現你的收入實在太少了，於是開始想辦法開源節流。如果能趁著這個月找出新財源，對生活很有利。

9 月 20 日到 10 月 13 日，隨著天上的金星也進入了上昇獅子的金錢領域，這會是一段在金錢方面開源的絕妙時機。平常談錢都容易傷感情，但藉由金星帶來的美麗與親和力，談錢變得有趣很多。如果能藉由金星之美而拓展財源，可說是美事一樁。

10月

這個月會有很多跟溝通有關的事情，比如跟兄弟姊妹出去玩，或規劃一場兩三天內的小旅行，也可能會去參加一些講座。這個月也很適合敦親睦鄰，出入多跟鄰居點個頭、打個招呼，會對鄰里關係很有幫助。

不過 9 月 23 日到 11 月 4 日之間，隨著天上的火星進入上昇獅子的家庭領域，你可能會在家庭生活中遇到很多火爆的爭吵。與其在家吵架，不如全家一起出去玩，將火星的能量擺在玩樂上，就可以避免爭吵。

11月

這個月會有一些實際要去處理的家庭事務，也因為必須要跟家人一起處理，所以也會是聯繫家人感情的最好時機。

再加上11月7日到11月30日，隨著天上的金星也進入了上昇獅子的家庭領域，金星帶來美、喜悅與良好的社交。好好的跟家人聚個餐，吃完飯後唱個卡拉OK，全家一起去看個展覽，甚至安排一場小旅行，都能有效促進家人感情。

12月

這個月會有多生活上的桃花，因為在這段期間，你看世間皆有趣，因而世人看你皆可愛。

再加上天上的金星會在12月1日到12月24日進入你的戀愛、創作領域，也因為這段期間會真的變得更美、更可愛，如果想要換髮型或買新衣服，這會是一個好時機。尤其在12月15日之前，天上的火星也在你的戀愛、創作領域，火星帶來強大的行動力，讓你更勇於表達自我。如果想要脫離單身，這個月最適合安排一些相親或交友活動，一定會大有斬獲。

12月中旬、下旬，隨著天上的火星、太陽、金星陸續進入上昇獅子的工作領域，你會全心投入工作，不但充滿活力（火星）、工作目標與意願（太陽），而且充滿親和力，很受同事歡迎（金星）。

Chapter 6

處女座

處女是黃道十二星座中的第六個星座。黃道十二個星座並不是東一個西一個不相干的東西，它們代表的是個體化完成的十二個階段，而處女是第六個階段。當個體發展到處女階段，就會開始學習如何守規矩，如何做好份內的事，並且精益求精。

十二個星座又分為「火、土、風、水」四種屬性，火象星座跟行動力有關，土象星座跟物質世界中實際的東西有關，風象星座跟各種溝通有關，水象星座跟情感有關。每一種屬性都有三種位階，以土象星座來說，金牛是第一位階，它代表了單純的資產概念，也就是我擁有什麼。而處女是土象星座的第二位階，它代表了人與人之間、物與物之間的秩序，藉由處女座的秩序觀念，世界才不會天下大亂。

本章要探討的內容，包含「太陽處女」與「上昇處女」。上昇星座會隨著出生時間而有所不同，請查一下出生時間（或至少有時辰也好），就能查出上昇星座是什麼。關於太陽星座與上昇星座的差別，請參考第 12 頁的內容。

太陽處女──現實壓力力挽狂瀾

行事曆：請大家先把這五個日子登記在行事曆上，提醒自己千萬別錯過這些重要運勢。

◆ 1/1 社會現實大磨練

◆ 1/1 小心過度樂觀

◆ 1/1 靈性學習略作收尾

♥ 6/7 桃花來了

♥ 12/25 桃花來了

「太陽處女」是指每一年在 8 月 23 日（可能會有前後一天的誤差）到 9 月 22 日（可能會有前後一天的誤差）之間出生的人。

我們的星圖中，都會有太陽、月亮等十顆主要行星，它們就像是人生大戲中的十個演員，分別演出不同的角色，而太陽是最重要的主角。太陽是我們的人生目標，也是人生的火車頭，它關係到我們每一天主觀意識是否能被人讚賞。更重要的，是太陽跟我們的工作與日常生活格外有關，今年如果太陽受到正面影響，日子就會感覺過得順，如果受到很多負面影響，就會覺得很不順。

當一個人太陽落在處女，這個人的主觀意識，就會用處女的品管師能量來發光發熱，不管是做人或做事，都很強調「規律」、「效率」的重要性。今年會讓太陽處女最有感的，會是土星帶來的現實壓制終於要離開，而木星帶來的過度膨脹也會離開，下半年會感覺輕鬆很多。

社會現實大磨練
2023~2026

土星帶來現實壓力與考驗——它本身並不是一件壞事，因為藉由土星帶來的壓力，我們會建立起現實感與抗壓性，這會對存活在現實生活中的我們很有幫助。但天上的土星跟我們的太陽形成的有可能是正面影響，也可能是負面影響。如果形成的是正面影響，它就會用循序漸進、在你負荷範圍內的方式慢慢砥礪你，過程中也不會讓你覺得很受挫。但如果遇到的是負面相位，土星就會用過度壓迫、過度鍛鍊的方式，壓得我們喘不過氣，情緒也會變得很差，開始懷疑起自己。

天上的土星大約兩年半會走入不同的星座，它從 2023 起進入雙魚，就開始對太陽處女產生程度不一的負面壓力，今年土星走到雙魚的尾段，對尾段的太陽處女（也就是 9 月 4 日到 9 月 20 日出生的太陽處女）影響特別大。

至於 9 月 4 日以前出生的太陽處女，想必去年、前年都已經經歷過土星的高壓鍛鍊，現在應該是好好的整理過去兩年學會的本領，好好重整自己的生活。還好也因為土星已經走到了雙魚尾聲，甚至會在 5 月 26 日到 9 月 1 日短暫離開雙魚，太陽處女會忽然感到壓力一輕，雖然 9 月壓力又會重現，一直持續到明年 2 月，但這也是最後一波壓力，這段期間，不妨好好檢視一下你這兩年學到了哪些現實本領，接下來這些本領都能在生活中派上用場。

小心過度樂觀

1/1~6/9

木星帶來社會資源，其中包含了金錢、人脈、知名度與樂觀的的態度。乍聽之下這些都是好事，但如果遇到的是負面相位，它就會帶來負面影響。本來以為可以賺到錢，但花得比賺得多；本來以為遇到很多貴人，結果花太多時間精力去籠絡貴人，自己該做的正事都沒時間做；擁有知名度是好事，但正面聲量齊揚讓人疲於奔命；樂觀的態度是好事，但過度樂觀反而容易壞事。

天上的木星平均每一年走入不同星座，而從去年 5 月到今年 6 月，天上的木星跟太陽處女形成的是負面相位，因而太陽處女從去年下半年到今年上半年都會出現受到木星過度刺激，因而過度亢奮的狀態。

前一段提到，從 2023 年開始，太陽處女就開始受到土星的過度壓抑，而從去年 5 月起，太陽處女同時又受到木星的過度刺激，到底是應該要聽木星的話來大膽一點，還是應該要聽土星的話來保守一點？就會形成一種兩難局面。不過隨著 6 月 10 日木星離開雙子，太陽處女會比較不受干擾，更有能力好好完成手上的任務。

靈性學習略作收尾

2025/1/1~2025/7/7,2025/10/23~2026/1/26

天王星是一顆前衛與高科技之星，過去七年間天王星進入金牛，金牛與處女同為土象星座，能量可以彼此互助，因而一直持續對太陽處女產生正面影響，太陽處女在生活上與工作上，很可能都會因為一些新科技、新想法、新領域而受惠。

不過今年天上的天王星已經走到了金牛座的尾端，對出生於9月14日到9月22日的太陽處女影響最大。出生於9月14日之前的太陽處女，應該在前幾年都已經受到天王星的震撼教育，這個時候應該要好好的把從天王星學到的本領，用於工作與生活。而出生於9月14日之後的太陽處女，則應趁著最後機會，多親近一些高科技或前衛的知識，多學一些技能。多幾把刷子，在工作上會更得心應手。這一波天王星能量，最晚會在明年1月26日結束，太陽處女千萬別錯過。

桃花來了

6/7~7/4,12/25~12/31

金星是愛與美之星，天上的金星大約三個禮拜會走入不同的星座，就會為不同星座帶來桃花。對於太陽處女來說，天上的金星進處女的那三個禮拜，當然會是太陽處女最受人歡迎的時間，它會發生在9月20日到10月13日。也因為這段期間真的會變美，如果想要換個髮型，或想要買一大堆新衣服，選這個時間去換、去買就對了。此外，這也會是一年中桃花最旺的時候，如果想要脫離單身，應該要認真規劃一些交友行程。

6月7日到7月4日金星進入金牛，12月25日到明年一月中旬，金星進入摩羯，金牛、摩羯跟處女都屬土象星座，彼此的能量可以協調互助，在這兩個時段，太陽處女受到天上金星的和諧影響，太陽處女會發現自己人緣變好了，應該要趁此機會多多結交盟友。

上昇處女——人緣奇佳廣結好友

上昇星座是「上昇點所在的星座」的簡稱，而「上昇點」會隨著出生時間、地點而有所不同，也就是說，即使同一天出生，即使星圖的格局基本上大同小異，但都會因為上昇點在不同的星座、不同的度數，因為上演了不同的人生戲劇。上昇點是本命星圖中一宮的起點，從上昇點開始畫出了十二個宮位，也就是劃分出了十二個生活情境，開始展開了這輩子的人生旅程。

上昇星座描述了我們的出生環境，當我們出生在這樣的環境，就會因應環境而形塑出一種專屬於自己的人格面具。處女是第二個土象星座，它重視人事物的規格化，上昇處女的人出生於管教很嚴的家庭，由於管教很嚴，長大以後自然而然都會看起來很乾淨、很嚴謹。長大以後，就會自然而然的用這樣的人格面具去應對各個不同的人生面向。

木星帶來資源與樂觀的態度，土星帶來現實生活中的難題。對上昇處女來說，今年最有感的變化，應該會是天上的木星由雙子走入巨蟹，也就是從上昇處女的事業領域走入社交領域。而天上的土星在雙魚待了兩年多，今年走入牡羊，也就是從上昇處女的伴侶領域走進了資產領域。上昇處女今年在這些領域都有功課要做。

上半年社會資源灌注事業舞台
2024/5/26~2025/6/9

天上的木星每一年走進不同的星座，這也意謂著每年天上的木星會帶著豐沛的社會資源，進入了我們的不同生活領域。木星的社會資源包含了金錢、人脈、知名度與正面樂觀的態度。從去年5月到今年6月，天上的木星都在你的事業舞台。在這一整年時間，你都會遇到許多工作上的好機會與新想法，就算不見得都能成功，但都幫你開拓了許多可能的新方向，而這些機會與想法，也讓你在事業領域的能見度變高，周遭的人都覺得你是一個很能幹的人。

不過也因為木星在一個星座只會停留一年的時間，過了就沒了，千萬不能以為木星的好運會永遠存在而拖拖拉拉。木星的好運會在今年6月離開，因而不管是怎樣的新計畫與新機會，都應該要在6月前結案或至少做一個小型的成果發表，讓這一輪木星帶來的社會資源得到具體的收穫。

下半年社交領域開始熱絡
2025/6/10~2026/6/30

接下來從今年6月到明年6月，天上的木星會進入你的社交領域。木星是一種膨脹而樂觀的能量，當木星進入社交領域，你的生活就會充滿了各式各樣的邀約，今天跟這一群人聚會，明天跟那一群人聚會——這就是木星社會資源中的「人脈」，今日跟你吃吃喝喝的飯友，也許日後會成為最支持你的堅強盟友。在這段期間，你有很多機會結交新朋友，新朋友會帶你認識一些新的議題，讓你發現之前一年忙於事業的侷限，讓你忽略世間有這麼多有趣的領域值得深究。

伴侶關係功德圓滿
2023~2026

土星帶來現實生活的限制與難題，天上的土星平均兩年半走入不同的星座，它就會隨著上昇星座的不同，為大家在不同生活領域中帶來一些實際的功課。

土星從 2023 年進入雙魚，也就是上昇處女的伴侶領域，在這兩年多時間，上昇處女都會發現伴侶關係——包含生活伴侶與事業夥伴——都出現一些難題。而這些難題的關鍵，都跟上昇處女習以為常的生活習慣有關。上昇處女從小都會受到嚴格的管教，所以都會是能幹的人，也因為能幹，往往會情不自禁的想要證明自己很能幹，因為唯有能幹，可以賦予你強大的存在感。而怎樣的人可以讓上昇處女顯得更能幹？那就是不能幹的伴侶。事實上伴侶不一定真的不能幹，但有可能生活上的大事小事，都被動作很快的上昇處女搶去做，導致另一半覺得不做、不會也沒關係。一開始可能各取所需、皆大歡喜，但日積月累，你會覺得你的伴侶電費不會繳、工作不會做，而你的伴侶覺得你好兇，好愛嘮叨罵人，跟你在一起生活、工作好沒樂趣。當土星進入了你的伴侶領域，這些日積月累的摩擦就會浮現，甚至有可能藉由一些真實發生的事件引爆，由小摩擦變成大吵架。

不過危機也是轉機，今年土星已經走到了伴侶領域的尾聲，甚至會在 5 月底暫離三個月。今年 9 月 2 日到明年 2 月 14 日會是土星在伴侶領域的末端，土星該做的功課也即將做完。調整自己的心態與做法，跟伴侶取得共識與理解，這可以讓伴侶關係好好的走下去。

每月中心德目

接下來，我們來看一下上昇處女今年每個月的生活重心，以及有哪些需要額外注意的時間點。

1月

這個月玩心很重，你有可能會執迷於某一項遊藝，例如下棋、繪畫、彈琴，或者看電影，可說流連忘返。原因在於這個月你決定放出你的內在小孩，來好好探索世界。在這個月中，你會覺得世界萬物皆好玩，世界萬物皆可愛——而世界萬物也會回報以可愛。

也因此，這會是一個桃花之月，如果想要多離單身，不妨好好安排幾場正式或非正式的交友聯誼活動，你會很容易從中找到適合的對象。如果沒那麼想談戀愛，則應該要掌握這個月的時間，好好去創作出一些有意思的東西，就算是多拍一些照片、做幾張卡片，都會留下美好的回憶。

2月

上個月玩了一整個月之後，這個月要來專心工作。這個月有可能會接到很重要的任務，讓你打起十二分精神，從早到晚都意志集中，絕不懈怠。就算再怎麼鬆散度日的人，這個月都會變得早睡晚起，都會花很多時間在工作上。也因為有鐵一般的意志力，所以就算身體有點不舒服，也會被意志力給撐住，不會讓自己癱軟。

不過要提醒的是雖然這個月工作壓力很大，每天都得要發揮最高效率，但適時的休息、放鬆，還是必要的。否則如果因為壓力太大而出問題，反而要花更多時間、精力去收拾善後。

3月

這個月要花很多時間、精力去處理伴侶相關議題。前面提到，過去兩年多時間，由於天上的土星進入你的伴侶領域，讓你在伴侶議題上有很多實際事物需要去煩心。而這個月隨著太陽也進入了你的伴侶領域，過去兩年多的各種伴侶相關問題，會在這個月浮上檯面，變成具體的事件，讓你不得不去面對。

既然如此，不妨趁著這個機會，好好籠絡一下合作夥伴，好好的去大吃幾頓，甚至安排一些休閒行程，一邊做正事，一邊搏感情，這樣就可以奠定接下來一年良好的合作基礎。

4月

這個月得要處理資產問題，而且是跟保險、集資、借貸、遺產等等跟他人有關的，比較複雜的資產問題。也因為跟他人有關，所以不會只是單純的金錢問題，一不小心，就很容易得罪人，衍生出其他煩惱。不過藉由這個月的資產震撼教育，也可以好好的釐清自己的資產組合，好好的思索一下資產是怎麼一回事。

5月

這個月的重心會放在高等心智領域，如果從事的是出版、文化、研究、異國貿易工作，或者正在讀研究所，這個月會有很多好表現。如果不是從事相關工作，這個月也會對異國文化很感興趣。如果能多讀一些異國相關的資料，甚至乾脆出國玩一趟，一定會很有收穫。

6月

這個月在工作上很有表現，如果有機會主持活動或有任何成果發表，你都會是被眾人矚目的明星。藉由工作上的氣勢讓大家留下深刻印象，它可以讓你好好攀登事業巔峰。

7月

這個月會有很多交際應酬，每天忙著跟新朋友、老朋友約會約不完。但這種朋友間的社交活動絕非浪費時間，畢竟我們的生活中，需要一些跟工作無關的活動，並且藉此結交一些跟工作無關的朋友。好好利用這個月結交朋友的機會，你有機會可以認識以後互相扶持的盟友。

8月

一反上個月頻繁的社交往來，這個月忽然進入息交絕遊狀態，不但朋友之間的邀約少了，連工作都變得無精打采，有一搭沒一搭。從好處看，這也意謂著這個月你沒有什麼非得完成不可的重大任務，面臨這種狀態，很多人可能就會生個小病，在床上躺好幾天。但即使是生一場小病，這都是很健康的表現，不必感到不安。畢竟就算是機器人，也都需要關機維修。透過這個月的關機，讓身心歸零。

9月

經歷了上個月的休養生息，這個月你會像是充飽了電的電池一樣，不但身體狀況忽然變好，對未來也有了目標與方向，很明確的知道未來要往哪裡走。不過這種身心靈清明狀態不可能持久，很快又會恢復懶散狀態。因而最好的方式，是利用這個月的振奮狀態，幫自己規劃接下來一整年的計畫，設定好目標，再依序去完成，這樣才不會浪費這個月的清明、積極。

9月20日到10月13日天上的金星也進入了處女，也就是穿過上昇點，進入了上昇處女的一宮。一宮跟外表有關，在這段期間，你會發現自己忽然變美了，人緣也變得很好，讓你心情很好。也因為心情好而更願意好好打扮，成為一種正向循環。也因為這個時候你會真的變漂亮，如果想要換髮型或買新衣服，這會是一年一度的最佳良機。

10月

這個月會將生活重心擺在賺錢。可能是因為忽然繳了一大筆保險費或付了什麼錢，這個月你會忽然發現原來自己的存款這麼少，原來每個月賺的錢這麼少，因而努力的追求開源節流，想要改善自己的經濟狀態。好好利用這個月對金錢的積極心態，好好調整收入與支出，會對財務很有幫助。

11月

這個月會對學習很有興趣，你可能會熱衷於看看有什麼線上課可以上，也可能直接去參加幾個講座。這個月也是遊玩之月，不妨跟兄弟姊妹聚聚，安排一個小旅行到處走走。這個月也是敦親睦鄰之月，每天進出家門，多跟鄰居點頭微笑，都會對鄰里關係有正面幫助。

12月

這個月會有許多家庭事務需要處理，不妨趁著這個跟家人一起做事的機會，好好跟家人多吃幾頓飯，好好籠絡一下家人。也因為從 12 月 1 日到 12 月 24 日金星也同樣進入了你的家庭領域，各式各樣的社交玩樂，都會增進你跟家人之間的感情，多花點錢也沒關係，因為你可以收穫更加豐盛的家人親情。

這個月中的家庭議題，更重要的是讓你去深思家庭對你的意義。大家總是以為「家庭」沿襲著原生家庭的模式，是一個一成不變的東西，但並非如此。家庭其實也是我們對老年生活的一種想像，也許現在你還很年輕，就算跟原生家庭的感情不好也沒關係。如果能從現在開始想像自己的老年生活，想像怎樣的人會是你的後天家人，每一年花一些時間想，花一點時間精力稍微往那個方向走，總有一天你會擁有理想的家庭。

此外，12 月 25 日到明年 1 月上旬，隨著金星進入了你的戀愛領域，這個時候你看世界都美好，而世界也回報以桃花。這不光是變漂亮而已，更重要的是因為變漂亮而更願意跟別人互動，更想要談個戀愛，這也是桃花的真正含義。如果想要脫離單身，趁這段期間積極安排一些交友活動，應該會很有收穫。

Chapter 7

天秤座

天秤是黃道十二星座中的第七個星座。黃道十二個星座並不是東一個西一個不相干的東西，它們代表的是個體化完成的十二個階段，而天秤是第七個階段，也就是十二星座中過半之後的第一個星座，在這第七個階段中，個體要學習的是如何跟別人平等共處。

不過大家經常對天秤的「平等」有個誤解，誤以為追求和平就是軟弱。事實完全相反，一味的軟弱，只會引來別人的欺凌，因而天秤其實並不軟弱，他們只是不會以出兵為首要手段，他們寧可先藉由斡旋、討好，甚至巧計，先把煙硝味化為無形，直到最後沒別的辦法才會出兵。不過天秤的問題，也在於他們可能會習慣性的希望大家都好聲好氣和平相待，結果無法作出決定，甚至立場不斷搖擺，連他們也不知道應該站在哪一邊才對。

本章要探討的內容，包含「太陽天秤」與「上昇天秤」。上昇星座會隨著出生時間而有所不同，請查一下出生時間（或至少有時辰也好），就能查出上昇星座是什麼。關於太陽星座與上昇星座的差別，請參考第 12 頁的內容。

太陽天秤──生活突破即將出現

行事曆：請大家先把這五個日子登記在行事曆上，提醒自己千萬別錯過這些重要運勢。

◆ 6/10 社會資源順轉逆

◆ 5/26 壓力降臨前的事前演練

◆ 7/8 生活中的突破即將出現

♥ 7/5 桃花來了

♥ 10/14 桃花來了

「太陽天秤」是指每一年在 9 月 23 日（可能會有前後一天的誤差）到 10 月 23 日（可能會有前後一天的誤差）之間出生的人。

我們的星圖中，都會有太陽、月亮等十顆主要行星，它們就像是人生大戲中的十個演員，分別演出不同的角色，而太陽是最重要的主角。太陽代表的是我們的顯意識追求的人生目標，它是我們人生的火車頭，攸關我們每一天的生活，尤其往往跟工作有關，因而一個人的太陽是否受到天上行運的影響，會讓人很有感。

當一個人的太陽落在天秤，這個人就會使用天秤的一對一平等對待的特質來發光發熱。太陽天秤都很重視平等，他們都傾向於使用和平手段來生活。但他們絕對不是軟柿子，當遇到別人侵門踏戶時，他們絕對不會放任不管，一定會打回去。

今年最讓太陽天秤有感的，會是木星的社會資源由順轉逆，花太多錢又賺得太少，而隨著土星開始發揮負面能量，太陽天秤應該要先預習量入為出的功課。

社會資源順轉逆
2025/6/10~2026/6/30

天上的木星平均走一個星座，從去年 6 月開始，天上的木星就開始對太陽天秤產生正面影響，帶來了各式各樣的社會資源，其中包含了金錢、人脈、知名度、好感度與正向樂觀心態。也因為擁有了較多的金錢，結交了許多朋友，而更願意花錢。

但要小心的，是從今年 6 月開始到明年 6 月，木星的影響力將由順轉逆——木星是一顆吉星，它永遠帶來正向積極的想法，它不會灰心喪志。但當產生負面影響時，就有可能會衍生成失控的正向積極，面對人事物都缺乏現實感，一味的過度樂觀，反而有可能會引發不良後果。

以金錢而論，過度樂觀會造成誤判，結果入不敷出。以人脈而論，很可能會過度高估自己或他人的能力，結果期待落空。以知名度而論，高知名度與高能見度未必能轉化成實際營收，做了許多白工。

想要承接 6 月以前的資源豐收，並防範 6 月之後的資源浪費，最好的方法就是在今年 6 月 10 日木星能量轉向之前，先設定好目標並且成果發表。也就是大家常說的「停利」，不管之後是否會更好，先在 6 月 10 前獲利了結，也藉此做個提醒——接下來的一年可不會再這麼順了，應該要先調整腳步，再重新出發。

壓力降臨前的事前演練

5/26~9/1

土星帶來資源緊縮，藉由資源緊縮，我們開始理解什麼是社會現實，因而懂得腳踏實地。天上的土星大約每兩年半會走入不同星座，因而會對有些人帶來正面影響，對有些人帶來負面影響。

土星如果帶來正面影響，當事人會藉由土星的現實感，慢慢增強自己的能力。但如果土星帶來的是負面影響，當事人就會遇到很多現實生活中的難題，但這些難題，都是讓我們提升自我的機會，如果能藉由這些困境去提升自我，將來遇到順境時，就會因為體質好而獲得更大的成功。

今年土星會在 5 月 26 日到 9 月 1 日短暫進入牡羊，這段期間，太陽天秤都會稍微感受到土星的現實壓力，但無須驚慌，這一波的土星壓力短短三個月就會結束，這三個月的壓力不失為一個提醒，讓太陽天秤可以先意識到自己有哪些缺口應該填補。並藉由 9 月 2 日到明年 2 月 14 日的這段緩衝時間，好好的整裝以待，等到明年 2 月 15 日土星的影響正式降臨時，你不管在心理上或實質上都已經建設好了自己，因而能夠沈穩的應對接下來的土星壓力。

生活中的突破即將出現

7/8~11/8

天王星是一顆前衛之星，它總是帶來生活中的意外——意外不見得是壞事，當天王星帶來好的意外時，你可能會脫胎換骨，進入原先意想不到的新領域。而天王星即將要對太陽巨蟹產生正面影響。

今年7月8日到11月8日天上的天王星會短暫進入雙子，雙子跟天秤同屬風象星座，彼此能量可以互相協調，在這四個多月的時間，你很有可能會發現一些新機會，而這些新機會往往會跟高科技或各種領先世代的新事物有關。但也因為這四個月只是一個預演，太陽天秤只需要敞開心胸，讓自己感受天王星衝擊帶來的欣喜，就已經足夠。等到明年天王星正式進入雙子之後，長達七年時間，天王星的前衛思考，會帶領太陽天秤前往新世界。

除此之外，今年天上的冥王星會進入寶瓶1到3度，冥王星帶來強大的意志力、控制力與成就動機，對出生於9月23日到9月29日的太陽天秤前段班尤其有利，至於其他的太陽天秤，隨著冥王星繼續往前走，太陽天秤都會開始攀爬人生的高峰。

桃花來了

7/5~7/31,10/14~11/6

金星是愛與美之星，天上的金星大約三個禮拜會走入不同的星座，就會為不同星座帶來桃花。對於太陽天秤來說，天上的金星進天秤的那三個禮拜，當然會是太陽天秤最受人歡迎的時間，今年金星會在10月14到11月6日進入天秤，這會是年度桃花最旺的時間，想要脫離單身的話，一定要在這段期間好好規劃交友行程。也因為此時真的會變美，想要換髮型、買新衣，一定要把握此時良機。如果想要脫離單身，趁著桃花正旺，多安排一些交友活動，一定會很有收穫。

此外，7 月 5 日到 7 月 31 日金星進入雙子，這段期間同屬風象星座的太陽天秤，也會因為金星之助而人緣變好，適合多多廣結善緣。

上昇天秤——事業舞台登峰造極

很多人搞不清楚「太陽星座」跟「上昇星座」的差別。「太陽星座」就是大家多年來最熟知的，隨著月份差別（前一個月的二十幾日到後一個月的二三十天）會有的「星座」。而「上昇星座」則是在一天中，隨著出生時間，大約每兩個小時就會有所差異，也因此，必須要有出生時間（或至少要有出生時辰），才有辦法算出上昇星座。

之所以這麼麻煩，是因為從上昇點開始，星圖會畫出十二個宮位，十二個宮位是十二個實際的生活領域。星座是一種抽象的能量形式，宮位是實際的生命場域，有了十二個宮位，我們才有辦法知道哪一個生命場域會是今年的重頭戲。而這十二個生命場域的特質，都會跟你的上昇星座有其邏輯關聯。

上昇天秤多半出生在溫和有禮的家庭，以致於他們會把職場當家人（十宮的職場領域落在重視親情的巨蟹），但別人多半把職場當戰場，這會讓他們很受挫。另一個特點是總是和善的他們，對伴侶卻常常很不耐煩（七宮的伴侶關係落在衝動的牡羊）。今年天上的木星與土星分別進入上昇天秤的十宮與七宮，意謂著上昇天秤在十宮的事業舞台與七宮的伴侶舞台，會有一些功課要做。

上半年高等心智領域得心應手

2024/5/26~2025/6/9

木星是一顆吉星，它就像是棒子與胡蘿蔔中的胡蘿蔔，它會藉由各式各樣的社會資源，其中包含了金錢、人脈、知名度與樂觀的態度，吸引大家朝向某個領域前進。天上的木星平均每一年會進入不同星座，因而會隨著每個人上昇星座的不同而進入不同的生活領域。也因為木星會帶來種種資源，這個領域就會在這一年中，成為生活的亮點。

從去年 5 月到今年 6 月，天上的木星進入雙子，也就是上昇天秤的高等心智領域，受到木星社會資源之助，你對各式各樣高等心智相關事物都很感興趣，也很容易有好表現。如果從事的是教育、出版、法律、旅遊與國際貿易相關工作，這一年都會有很好的表現。舉例來說，如果是在念研究所，這一年會遇到好老師、好研究題目，很容易取得經費，更重要的是會有源源不絕的新點子。

下半年事業舞台更上一層樓

2025/6/10~2026/6/30

而從今年 6 月到明年 6 月，隨著木星走進巨蟹，也就是上昇天秤的事業領域，上昇天秤會發現自己多了許多站上事業舞台發光發熱的機會。在這段期間，工作很容易獲得肯定，大家很容易將你視為一個很好的領導者。

在占星學中，高等心智領域後承接事業領域是有道理的，因為這是一個從「有名」走上「有權」之路。因而這一年對你很重要，在6月以前，你應該要好好的增進自己的才智，並且博得好名聲。當你有了好名聲，6月以後自然會有很多工作機會上門。但也因為木星的好運只有一年，所以你必須要將這件事緊記於心，一年轉瞬即過，必須要趕快抓緊機會，不要拖拖拉拉，並且想辦法延長木星好運。最簡單的方式是廣結善緣，不要因為登上事業高峰而變得自傲。這麼一來，即使木星離開，你的好形象與好能力依然留在眾人心中，這會是延續木星好運的最好方法。

工作領域學習放鬆
2023~2026

土星代表現實壓力，它大約兩年半會進入不同生活領域。在過去的兩年多，土星進入了你的工作領域——這裡的工作泛指所有日常生活中的勞務，包含做家事、維持身體健康等等。

當土星進入了你的工作領域，你就得要對日常生活中的大小事負起責任，從早到晚都很焦慮，雖然變得更有效率，但長期不放鬆，也會影響到你的健康。還好土星的壓力即將結束，在這段期間，隨時放鬆、隨時休息，會是安度此關的訣竅。

伴侶功課必須留意

5/26~9/1

很多人都以為上昇天秤的你脾氣很溫和，但你很容易對親密關係中的伴侶很不耐煩，其中包含了生活伴侶與事業夥伴。也就是說，你對越不熟的人越客氣，對越熟的人脾氣越差。這種心態不難理解，因為上昇天秤對人總是和善的原因，是希望別人也能以禮相待，甚至希望即使不明講，別人也能照著你的心意來對待你。

可惜事與願違，只要你不說出口，別人絕對不會照著你想的做，即使你客客氣氣的表達，別人還是不把你當回事。這種狀況如果是外人做的，你還可以假裝對方是什麼都不懂的野蠻人，也就不跟對方計較。但如果是你的親密夥伴做了這種事，你會覺得被自己人給背叛了，平常壓抑已久的脾氣很可能就會瞬間爆發，不但把別人嚇一大跳，連你自己都會被自己嚇一跳，因為你從來沒發現自己原來也有脾氣，也會暴怒。

這個議題，會隨著土星進入你的伴侶領域而浮上檯面。土星代表現實生活中的嚴肅課題，天上的土星每兩年半走進不同星座，今年會在 5 月 26 日到 9 月 1 日短暫進入你的伴侶領域，土星會帶來一些具體的難題，讓你覺得跟另一半溝通真難。今年三個多月土星進入伴侶領域只是一個預演，但你也可以將它視為一個預習，如果能趁這個機會深思應該怎麼跟伴侶相處，等到明年 2 月土星正式進入你的伴侶領域時，就不會手忙腳亂不知所措了。

每月中心德目

接下來，我們來看一下上昇天秤今年每個月的生活重心，以及有哪些需要額外注意的時間點。

1月

這個月會有很多家庭事務需要處理，其中可能包含了戶籍轉移、水電維修、網路裝設，甚至有可能家人生病要就醫等等，這些都是不適合假手他人，需要自己親自去辦的瑣事。

格外要注意的是從1月7日到4月18日，長達三個多月的時間，火星都停留在你的事業領域，此時又遇到家庭瑣事，格外容易發脾氣。所以這個月最好不要排太多工作，以免蠟燭兩頭燒，兩邊都做不好。

2月

這個月是遊戲與創作之月，在這段期間，你會覺得世界真好玩，每天所見的人事物皆可愛。而你見世界可愛，世界也會覺得你很可愛。也因此，這會是一個最適合談戀愛的時機。如果想要脫離單身的話，一定要趁這段時間多安排一些交友、聯誼活動。其實不見得要談戀愛，在這段期間只要多多出門看電影、看表演、看展覽，都能讓你很有收穫。

3月

這個月會是一個工作之月。也許你接到一個重要的任務（不限於「上班」的工作，它泛指各式各樣會影響日常生活作息的人事物），因為這個任務太重要，你會責任心大起，就算平常再怎麼晚睡晚起懶散度日，這段期間都會一早起床就開始工作，直到晚上睡覺也不肯鬆懈。

這會是健康狀況很好的一段時間——但其實是因為意志力堅強，不容易自己倒下，因而就算身體狀況不佳，也會硬撐著不肯休息。但正因為如此，你應該要隨時提醒自己要休息，以免累出大病會更麻煩。

4月

這個月的重心會放在伴侶關係，其中包含了生活伴侶與工作夥伴。這段期間，會有一些實際要處理的事務，需要你跟另一半好好討論、協調，無法一個人單獨完成。但也因為需要跟另一半協調，不妨趁著這個機會，好好的款待另一半，也許去吃些好食物，或者去一些好玩的地方玩，藉此建立起一整年的好關係。

上昇天秤平常雖然做人和善，但他們對另一半不太有耐心（因為七宮伴侶宮在牡羊），跟伴侶溝通也容易忽然大發雷霆，不但嚇到另一半，更嚇到自以為總是很和平的自己。因而趁著這個月好好的了解另一半的想法，會是你這個月的重要任務。

5月

這個月會有一些資產問題要煩惱。所謂的資產問題，並不是薪水賺多賺少，而是跟他人有關的財產問題。諸如保險、遺產、借貸、集資、投資等等，都屬於這個月可能需要煩惱的資產問題。不過也因為需要處理資產議題，不妨趁此機會好好檢查一下自己的資產，看看有沒有什麼地方需要調整、改善。當你更了解你的資產分配，就有機會做出改善，讓金錢方面無後顧之憂。

6月

這個月會把重心放在高等心智領域，如果是從事文化、出版、國際貿易、旅遊或正在念研究所，這個月會有很好的表現。如果不是從事相關工作，這個月則會對旅遊、哲學等議題很感興趣。俗話說「行百里路勝讀萬卷書」，如果能在這段期間安排一趟出國旅遊自然最佳，即使不方便出國，也不妨多看一些跟異國文化有關的資訊，你會從中得到很多想法。

7月

這個月會在事業舞台上很有表現。也許是因為要主持會議和成果發表，你會站在聚光燈前面，向眾人展現出你的專業。如果表現得好，讓眾人發現你的才華，會對接下來一年的事業運很有幫助。

在占星學中，行運的軌跡有其邏輯。上一段我們提到，上個月會是一個高等心智之月，在上個月如果能在心智上有所增長，能讓人覺得你是一個有見識的人，這個月就會有人願意給你舞台，讓你有機會可以站上去一展長才。

8月

這個月的重心會放在社交領域。前面提到行運的延續性，從上上個月高等心智之月建立起好形象，接下來上個月站上事業舞台取得好表現，到了這個月，就要好好廣結善緣。在這個月中，你會發現擁有了很多跟朋友相聚的機會，而且不但是跟老朋友見面，也會有很多機會認識新朋友。好好的打好人脈橋樑，這些人以後都有機會成為你的盟友。

9月

經過上個月絡繹不絕的社交熱鬧，這個月忽然息交絕遊，既沒有急需完成的工作，也對應酬往來失去了興趣，於是安安靜靜的進入了放鬆、放空狀態。也因為之前已經緊繃了好幾個月，一旦意志力減弱，身體狀態很可能也隨著變差，有可能在這段期間會生個小病。但這一切都是正常的，就算是機器，也都需要有保養維修時期，這個月的懶洋洋或生病，都是宇宙讓你好好保養，好好待在家裡的機會。

很多人會在這段期間感到焦慮，甚至覺得自己沒用。但真的不需要焦慮，切記休息是為了要走更長遠的路，好好休息，下個月才有精力重新出發。

10月

經歷了上個月的休養生息，這個月會忽然感受到身心狀況都變得很好，不管是體力、活力或意志力都重新回來了。你很有可能會對生活與工作有了很多新想法，並躍躍欲試的開始施行。不妨趁著這股動力，好好思索未來一年的新計畫，把未來一整年想要完成的目標與進度，一一規畫好。之後只要照表操課，就很容易達成你的願望。否則光靠著一時動力，很可能就會淪為新年許願，等到動力消退，就忘了這回事，白白浪費了這個月的衝勁。

10月14日到11月6日天上的金星進入天秤，也就是進入了上昇天秤的一宮（外表形象領域），這段期間上昇天秤會變美。也因此，如果想要換髮型或買新衣服，這會是年度最佳時機。

11月

這個月的重心會放在賺錢。或許因為各種原因，你會忽然發現自己原來賺的錢這麼少，存款這麼少，花的錢卻這麼多，於是開始努力開源節流。這是一種很健康的金融心態，利用這個月對金錢的敏感度，好好的檢視自己的收入與支出，是一種對金錢的健康態度。

12月

這個月會有很多溝通、出遊機會。這個月非常適合約兄弟姊妹（不限是親生手足或各種形式意義上的好兄弟、好姊妹）一起出門做個小旅行。也可以多多報名參加一些講座或課程，既知性，又娛樂。

對從事各種媒體工作（包含各種網路媒體）的你來說，這會是大有斬獲的一個月。就算不是從事相關工作，你也會在這段期間很容易受到網路關注，讓你很有成就感。

命運的風景，都是生命跟世界能量的連結。不管風景是好是壞，都是千百劫輪迴的這場人生中獨一無二的機會。

——摘自《十二宮位：生命格局的十二個舞台》

Chapter 8

天蠍座

天蠍是黃道十二個星座中的第八個星座，而黃道十二星座表的是生命的十二個進程，是個體化完成的十二個階段。天蠍是第八個階段，前面銜接著天秤，後面是人馬。天秤代表一對一的平衡，但個體不可能永遠維持著理性平衡，於是接下來會進入天蠍的人性深淵，天蠍具有強大的佔有欲，尤其對性、金錢、權力特別看不開。天蠍後一個星座是人馬，人馬對異國文化、宗教、哲學、道德很感興趣，而且擅長逃跑，遇到情感的無法放手，跑到別的地方去療傷，正是人馬的強項。

十二個星座也分為火象星座、土象星座、風象星座、水象星座這四類。水象星座要探討的是情感相關議題，巨蟹（第四個星座）、天蠍（第八個星座）、雙魚（第十二個星座）分別代表了情感的三個位階。巨蟹是最基本的情感，它是親情。天蠍是人與人之間的情感，它是佔有欲。雙魚是宇宙間的情感，它是同情。

本章要探討的內容，包含「太陽天蠍」與「上昇天蠍」。上昇星座會隨著出生時間而有所不同，請查一下出生時間（或至少有時辰也好），就能查出上昇星座是什麼。關於太陽星座與上昇星座的差別，請參考第 12 頁的內容。

太陽天蠍──社會資源如虎添翼

行事曆：請大家先把這六個日子登記在行事曆上，提醒自己千萬別錯過這些重要運勢。

◆ 1/1 現實責任即將結束

◆ 6/10 社會資源即將出現

● 1/4 桃花來了

● 3/28 桃花來了

● 8/1 桃花來了

● 11/7 桃花來了

「太陽天蠍」是指每一年在 10 月 24 日（可能會有前後一天的誤差）到 11 月 22 日（可能會有前後一天的誤差）之間出生的人。

所謂「太陽天蠍」，意謂著「太陽」落在「天蠍」這個星座。我們的星圖裡面有太陽、月亮、水星等十顆主要行星，它們都會因為出生時間而落在不同星座。行星就像是一個演員，當它們落在不同星座，就會用這個星座的能量形式來發光發熱。

太陽是十顆行星中最重要的一顆，它是我們人生的火車頭，尤其跟日常生活與工作有關。當一個人的太陽落在處女，這個人的主觀意識與人生目標，就會追求天蠍的人性深刻面，而且對性、金錢、權力特別敏銳。

今年讓太陽天蠍最有感的，會是代表社會資源的木星進入了巨蟹，巨蟹與天蠍同屬水象星座，能量可以互相扶助，而帶來現實壓力的土星則即將離開雙魚，雙魚與天蠍也同屬水象星座，太陽天蠍盡了兩年多的責任終於可以交棒。

社會資源即將出現
2025/6/10~2026/6/30

木星代表社會資源，其中包含了金錢、人脈、知名度、得獎與正面樂觀的態度。當天上的木星對你的太陽造成正面影響，你就會很容易得到資源，但如果天上的木星對你的太陽造成負面影響，你就很容易過度樂觀，許下過大的願望卻難以實踐。

從今年6月10日到明年6月30日，天上的木星會進入巨蟹，巨蟹跟天蠍同屬水象星座，當天上的木星進入巨蟹的這一年，太陽天蠍就會很容易獲得金錢資源，也很容易遇到貴人。有了充足資源，做事就很順，做事很順，就會很樂觀，如果很樂觀，就容易有更多新想法，因而能夠走得更遠。

不過也因為木星的好運只有一年，而且我們經常對好運視而不見，遇到好運時，可能只是覺得日子好像變得比較好過，躺著躺著，一年就過去，木星也走了，十分可惜。所以最好的方式，應該要先在6月前先好好經營自己的生活，想一下如果獲得資源的話，自己最想要在生活上或工作上有哪方面的突破。

等到6月木星進入巨蟹之後，藉由木星的社會資源，積極的幫自己開疆闢土。更重要的是要設定一個目標，並且在木星離開前，也就是明年6月前予以驗收。否則木星的好運很容易把人沖昏頭，很可能會讓你迷失方向，或者將好運視為永遠存在的東西。這樣就很能會白白浪費了一年為期的木星資源。

現實責任即將結束 2023~2026

土星代表現實壓力，當天上的土星跟我們的太陽產生影響力時，我們就必須面對現實，有許多現實功課得做。但這並不是一件壞事，因為我們都活在現實世界中，只要活著，都必須要學著做現實功課。但土星的現實功課，還是會有好壞差異，當天上的土星與你的太陽產生的是負面影響時，土星的大棒子就會用力捶在你身上，讓你不得不乖乖的達成土星的要求。但如果土星形成的是好相位，雖然並不會因為好相位就從棒子變成胡蘿蔔，它依然是個嚴格的教練，但是它會用你聽得懂、做得到的方式來好好的要求你，讓你循序漸進的走穩現實腳步。

天上的土星平均每兩年半會走入不同星座，從 2023 年起，土星走進雙魚，雙魚與天蠍同屬水象星座，意謂著在過去兩年期間，你都會感覺到土星這個好教練對你的循循善誘，雖然沒有人會喜歡土星帶來的重責大任，但至少這兩年土星是用合理的方式來要求你，你也會認知到這些責任真的該扛，而你也有能力扛，於是就這樣扛了兩年。

不過剛剛也提到，天上的土星每兩年半會離開，從 2023 年開始的土星重任，現在也到了即將結束的時候。今年 5 月 26 日到 9 月 1 日，隨著土星離開雙魚前往牡羊，在這三個月期間，你會忽然感受到原來不扛責任是這麼輕鬆。9 月 2 日起，隨著土星逆行回雙魚，責任也又回來了。不過這已經是尾聲，你會感受到責任即將完結。最好的方式，就是不管是在實際事務上或心態上，都要好好的為這兩年半的重責大任收尾，到了明年 2 月 14 日，這一波為期兩年多的土星責任，就此告一個段落。

桃花來了

11/7~11/30,1/4~2/4,3/28~4/30,8/1~8/25

天上的金星大約三個禮拜就會走入不同的星座，金星是一顆愛與美之星，它會讓人變得更討人喜歡，變得更易於親近，會把別人來近你身邊。今年金星會在 11 月 7 日到 11 月 30 日進入天蠍，在這段期間，天上的金星彷彿直接掛在你的頭上，你不但會實質上變美，也會因為心情變好而人緣更好。如果想要換個髮型，或者想要買新衣服，這會是年度最佳時機。也因為此時金星照耀，如果想要談戀愛的話，一定要趁著這段期間，好好多安排一些交友行程，一定會很有收穫。

此外，1 月 4 日到 2 月 4 日、3 月 28 日到 4 月 30 日、8 月 1 日到 8 月 25 日，隨著天上的金星進入同屬水象星座的雙魚、巨蟹，你在這些時間都會覺得自己的人緣顯著變好，想要運籌帷幄，一定要趁此良機。

上昇天蠍──高等心智更上層樓

大多數人都知道自己的太陽星座，卻不知道自己的上昇星座，原因在於需要出生時間（至少需要出生的時辰）才能算出上昇星座。上昇星座與太陽星座的不同，在於當太陽遇到阻力或助力，我們會感到生活、工作比較順或不順，而上昇星座要探討的是「情境」，經由上昇點畫出來的十二個宮位是十二個不同的生活情境，因而藉由上昇星座帶出的十二宮位，我們會知道今年的生活重心會落在什麼領域。

之所以從上昇點得以畫出十二個生活領域，原因在於上昇星座代表了我們出生時的外在環境，它會形塑出我們長大以後應對各種情境的行為模式。上昇天蠍的人出生於比較複雜的環境，從小就對人性的複雜很理解，長大以後也培養出看人的敏銳直覺，好人或壞人逃不出他們的法眼。

上昇天蠍的創造與戀愛領域（五宮）落在雙魚，雙魚是一種溫柔而不切實際的星座能量，意謂著一生精明的你，戀愛是你生命中最溫柔、最不切實際的一塊。高等心智領域（九宮）落在巨蟹，九宮是一個出國之宮，上昇天蠍平常都太過本能性的小心翼翼，唯有出國時，才有辦法放鬆心情（巨蟹）。今年代表社會資源的木星即將前往巨蟹，代表現實壓力的土星即將離開雙魚，因而上昇天蠍會在高等心智領域獲得資源，並在創作戀愛領域有功課必須完成。

上半年社會資源貫注資產領域
2024/5/26~2025/6/9

木星帶來社會資源，其中包含了金錢、人脈、好名聲與樂觀正面的思考。天上的木星每年會進入不同星座，進而進入不同生活領域，進而點亮這個領域。木星就像是一顆紅蘿蔔，當它進入了不同生活領域，你就會因為得到許多社會資源，開始興沖沖的對它感興趣。

從去年 5 月到今年 6 月為期一年，天上的木星進入雙子，也就是你的資產領域，你會因為木星帶來的社會資源，因而你會將目光投注於資產相關事宜。這裡所謂的「資產」，指的並不是每個月賺多少錢、花多少錢的薪水之類的收支，它指的是跟他人有關的錢，其中包含了借貸、集資、投資、遺產等等。也因此，如果從事的是金融相關產業，在這段期間會有很好的發展。即使不是從事相關工作，這段期間也會因為手邊比較寬裕，因而對投資很感興趣。

前面提到，天上的木星每一年走一個星座，每一年進入我們不同的生活領域，這其實可說是一種宇宙的規劃。前一年木星進入的是伴侶領域，在這段期間，你會在各種人際關係中遇到貴人。到了去年夏天，隨著木星進入共財領域，這也意謂著前一年的伴侶關係是重頭戲，而從去年 5 月到今年 6 月進入了共財階段，意謂著你現在要因為良好的合作關係而獲利了。

下半年社會資源進入高等心智領域
2025/6/10~2026/6/30

而接下來從今年 6 月到明年 6 月，木星進入了巨蟹，也就是你的高等心智領域，舉凡教育、哲學、異國文化、旅行與異國貿易。如果從事的是相關工作，這段期間不但財源不斷、貴人不斷，更重要的是新想法也源源不絕，彷彿沒有靈感枯竭之日。很多人就是在木星進入高等心智領域時，忽然對占星學很感興趣，開始接觸之後，就一路研究了下去。

將創意落實，讓你走得更長遠
5/26~9/1

土星代表現實的壓力與限制，天上的土星每兩年半進入不同星座，因而會隨著上昇星座的不同而進入不同的生活領域，為這個生活領域帶來現實的考驗。從 2023 年土星進入雙魚，也就是上昇天蠍的創作領域，上昇天蠍一定會覺得創作受限，陷入創作瓶頸。創作領域也包含了戀愛，從 2023 年起，上昇天蠍都會覺得戀愛生活有一些不順。

但不管是創作或戀愛，不順的關鍵，都在於土星具有務實化的本能，它會將創作與戀愛務實化，因而舉步維艱。這個創作可以拿來賣嗎？不能賣的話為什麼要做？這段戀愛可以走到最後嗎？不能的話為什麼要愛？這種務實思考並不是壞事，不管是創作或戀愛，務實雖然少了很多樂趣，但有可能會讓你走得更長遠。

而今年的5月26日到9月1日，隨著土星移動到你的工作領域，你應該好好的利用這三個多月想一下要如何將創作轉化為可量化的實際工作，等到明年2月15日土星進入牡羊，你的創作瓶頸也就結束了。

每月中心德目

接下來，我們來看一下上昇天蠍今年每個月的生活重心，以及有哪些需要額外注意的時間點。

1月

這個月的生活重心會放在各式各樣近距離溝通相關事物。如果跟兄弟姊妹感情好，這會是最適合一起出遊的好時機——也不限於親生手足，任何定義上的好兄弟、好姊妹，都很適合趁著這個機會，好好聯絡感情。鄰居也是一種近距離溝通，而在現代生活中，大家可能不了解自己家隔壁住了什麼人，但對網友往往卻很熟悉。也就是說，現代網友才是大家真正的好鄰居。這個月既然很利於鄰里關係，也代表你會很受網路社群媒體歡迎。

此外，1月4日到2月4日天上的金星會進入你的戀愛領域——它不限於戀愛，它代表所有有趣的創造性事物。在這段期間，你會覺得的人事物都很有趣，而世間人事物都覺得你很美。如果想要脫離單身，一定要趁著這段期間好好安排一些交友活動，一定會大有收穫。

2月

這個月會有很多跟家庭有關的實際任務得去執行，例如戶籍搬遷、水電維修，這些都是不得不請假去做的事。也因為這些家庭事務不方便交給別人，所以對於平常工作很忙的你來說，這個月最好工作別排太滿，以免疲於奔命。

3月

這是一個桃花之月。在這個月中，你會充滿童心與玩興，覺得世間人事物一切都好玩，也不只是玩，你會很想創作出什麼東西，會想要完成一個具體的作品。而這種世間皆好玩的心態，也會讓世間覺得你很可愛，所以這也會是很適合談戀愛的時間。對於想脫離單身的你來說，一定要多安排一些聯誼、交友活動。就算不想談戀愛也無妨，這段期間，其實全世界都在跟你談戀愛，好好利用這段期間的玩興與熱情，好好發覺這個世界的可愛之處。

此外，3月28日到4月30日，隨著天上的金星又回到你的戀愛領域，你又多擁有了一次桃花。為什麼說「又擁有」呢？原因是天上的金星，已經在1月4日到2月4日進過了你的戀愛領域又離開了，而3月28日則是因為逆行而重回了你的戀愛領域——這種事相當難得。既然上天給了這麼多桃花，好像真的應該去談場戀愛了呢。

4月

上個月玩了一個月之後，這個月會把重心放在工作。也許是接到一個很重要的任務，讓你責任心大起。就算平常再怎麼偷懶的人，這段期間都會變得很積極，變得很負責，每天早起晚睡，使命必達。也因為這個月對工作很積極，連帶的連身體狀況都似乎變好，但這並不是真的變得比較健康，而是因為意志力堅強，硬逼著身體不能倒下。因而隨時讓自己小小休息一下，反而是這個月最需要提醒自己的事。

5月

這個月會把重心放在伴侶領域，其中包含了生活上的伴侶與事業夥伴。會有一些實際非做不可的伴侶相關事務，讓你不得不親自辦理。也因為這些事情需要你花時間去處理，所以這個月工作千萬別排太滿，否則很容易引發另一半的不滿。

6月

這個月會有一些財產問題需要處理，而且不是很單純的收支平衡，而是比較複雜的跟他人有關的財產。舉凡保險、稅務、集資、借貸、遺產等等，都會是這個月的重點課題。如果從事的是相關工作，這個月會有很多表現機會。

即使不是從事相關工作，藉由這個月的外在影響刺激，都會讓你很關心自己的財產有哪些、銀行或外匯利率是否對自己有利。如果能趁著這個月對錢產生的興趣而好好面對資產議題，會對未來很有幫助。

7月

這個月的重點會放在高等心智領域，如果從事的是出版、文化、旅遊、教育與國際貿易，這個月會很有表現機會，如果現在正在讀研究所，這個月更是讀書順、表現好的時期。即使不是從事相關工作，這個月你也會對各式各樣高等心智產生興趣，諸如哲學與宗教，又如旅行。俗話說「行百里路勝讀萬卷書」，這個月如果能安排一趟出國行程，保證會讓你很有收穫。

8月

這個月你可能會有上台主持或報告的機會，很可能會站在聚光燈下，在事業舞台上很有表現。如果能事前多加準備——不只是實質上的準備，更是心態上的調整，或者是藉由一些配飾小物來增加自信，都能讓你表現得更好。趁著能見度高時拿出好表現，大家就會對你有好印象，有了好印象，日後有好的工作機會就會先想到你，形成一種良性循環。

9月

這個月的重心會放在社交舞台，你會跟很多老朋友、新朋友有許多見面、飲宴的機會，也可以請老朋友帶來新朋友，不久之後，新朋友也會變成老朋友。這段期間跟各種朋友出去吃吃喝喝固然好，但如果大家能藉由某個公益議題而凝聚在一起，你會發現，這些人有機會成為你的盟友。

10月

經過了上個月的熱鬧歡聚，這個月息交絕遊，整個人懶洋洋的提不起勁，哪裡都不想去，什麼事都不想做，什麼人都不想見。但從另一個角度來看，這也意謂著這個月其實沒有什麼非完成不可的任務，意志力一鬆懈下來，可能連身體都不聽使喚，生起一場小病。很多人遇到這種情況會很驚慌，會擔心自己是不是身心出了問題。但其實這是正常的生命起伏，我們不可能人生中每一天都跟充飽的電池一樣。休息與充電是健康的，休息是為了要走更長遠的路。

11月

上個月經歷了一整個月的軟爛頹喪、自我懷疑之後，這個月會煥然一新，全新出發。不但身體狀況與精神狀況變好，思考也變得很敏銳，而且忽然對未來有了許多新想法。建議你一定要把這些新想法記下來，並且一一規劃實踐的可能性與進度。否則等到過完這個月，這種重新出發的衝勁就會消退，你也忘記曾經有過這些想法，非常可惜。

12月

這個月的重心會放在賺錢。你可能會在繳了一筆保險費或卡費之後，忽然驚覺自己原來賺得這麼少，存款也這麼少，因而警覺心大起，開始到處尋覓開源節流之道。如果能趁著這個月對金錢的興趣，好好的檢視自己的資產，甚至如果能開出一條新財源，都會對自己的財務很有幫助。

很多人容易把「聰明」與「才氣」混為一談，但它們其實是不同的兩件事，聰明的人不見得能成為藝術家，很有才氣的藝術家未必腦袋靈光。

——摘自《成功做自己：太陽、木星、土星相位中的生命之旅》

Chapter 9

人馬座

黃道的十二個星座並不是不相干的十二件東西，它們其實是個體化的十二個階段，從牡羊的誕生開始，到雙魚的回歸宇宙，它們是社會化與成長的十二個進程。人馬座是黃道十二星座中的第九個星座，也是個體化的第九階段，它緊接於天蠍之後。天蠍是人與人之間的佔有慾，尤其跟性、金錢、權力有關，這些都是讓人難以放手的人性深淵。因此，個體發展的下一個階段進入了人馬。人馬追求的是道德與文化，人馬嚮往遠方，因而不再淪陷在人性深淵，不再無法自拔。

十二個星座也分為火象星座、土象星座、水象星座與風象星座。火象星座要探討的是行動力的議題。牡羊是第一個火象星座，探討的是想做什麼就做什麼的個人行動。獅子是第二個火象星座，探討的是博得他人掌聲的行動。人馬是第三個火象星座，它探討的是站在社會高點，探訪異國文化的行動。

本章要探討的內容，包含「太陽人馬」與「上昇人馬」。上昇星座會隨著出生時間而有所不同，請查一下出生時間（或至少有時辰也好），就能查出上昇星座是什麼。關於太陽星座與上昇星座的差別，請參考第 12 頁的內容。

太陽人馬──緩步上升步步為營

行事曆：請大家先把這四個日子登記在行事曆上，提醒自己千萬別錯過這些重要運勢。

◆ 1/1 社會資源的過度膨脹

◆ 5/26 現實壓力逆轉順

♥ 2/5 桃花來了

♥ 10/14 桃花來了

「太陽人馬」是指每一年在 11 月 23 日（可能會有前後一天的誤差）到 12 月 21 日（可能會有前後一天的誤差）之間出生的人。

大眾媒體說的「你是處女座」、「我是人馬座」，通常都是指太陽星座。原因在於太陽是我們人生的火車頭，它代表了我們的主觀意識。當我們的主觀意識受到鼓勵，我們就會覺得日子順風順水，當我們的主觀意識受到打壓，我們就會覺得沒面子，覺得很受挫。當一個人的太陽（主觀意識）落在人馬（注重道德、文化與正向價值觀），這個人就會很樂觀、正向、熱情，有一點大喇喇，也很好相處──如果一開始你沒被他得罪的話。

今年讓太陽人馬最有感的，木星負面影響帶來的過度膨脹終於即將結束，土星帶來的資源緊縮也即將結束。去年到今年上半年的進退兩難的困境，終於可以撥雲見日。

社會資源的過度膨脹
1/1~6/9

天上的木星每一年會進入不同星座，因而會對有的太陽星座造成正面影響，對有的太陽星座造成負面影響。而從去年 5 月到今年 6 月，太陽人馬遇到了為期一年的木星負面影響。

木星代表社會資源，其中包含了金錢、貴人、知名度與樂觀的態度，這些都是好事，但當木星形成負面影響時，雖然的確有賺錢，但是花得更多，的確有貴人，但貴人不但沒幫上忙，還添了不少亂，的確會擁有知名度，但更容易因為知名度高而引發炎上風波，的確有樂觀的態度，卻因為過度樂觀而誤判情勢。

不過木星的好處是來得快也去得快，為期一年的木星逆風，一直到今年 6 月 9 日就會結束。在上半年，太陽人馬最需要注意的是投資與花費不要過度，千萬不要心存「這一定是個好投資」或「反正馬上就能賺回來」的念頭，因為這個時候你想的很可能都是錯的。至於太陽人馬一貫的心直口快，在這半年則必須要想到必須為別人也為自己留個餘地，話不要說死，這麼一來，就算真的惹出一些口舌之爭，雙方也會比較好下台。

做事向來衝動的太陽人馬，雖然一時之內大概也沒辦法性格大改讓自己變得不衝動，但相信「事緩則圓」，可以讓你保平安。更何況又不必忍太久，只要忍到 6 月之後就會好很多。

現實壓力逆轉順
2023~2026

天上的土星每兩年半進入不同星座，因而會對不同的人造成正面或負面影響。土星帶來現實壓力，即使是正面的影響，當事人都會覺得遇到了一個嚴格的老師，會在現實層面中，非得逼著自己去完成許多功課，更別提如果遇到的是負面影響，當事人往往會覺得環境過度嚴酷，讓自己備受磨練。大家常聽到一句老話，「合理的要求是訓練，不合理的要求是磨練」，當我們遇到了土星的負面影響，不但覺得是磨練，有時候甚至是覺得自己被虐待。

天上的土星從2023年進入雙魚，雙魚跟人馬的能量彼此矛盾，因而這兩年多的時間，太陽人馬都會感受到土星的壓力，覺得做事很不順，經常受到外界的打壓，壓力非常大。雖然就占星的邏輯而論，即使是不合理的要求，也是宇宙讓我們更上一層樓的方式，但我們畢竟是凡夫俗子，沒有人會喜歡土星帶來的壓力。

前一段提到，太陽人馬從去年5月到今年6月會因為木星帶來的負面影響而變得過度大膽，但這一段又提到受到土星的負面影響而必須限縮，那到底是過度大膽還是過度限縮？答案是兩者皆有，而且很有可能會有連帶關係，可能會先因為過度大膽，因為大逆風而被群起攻之。雖然看起來的確很倒楣，可是這是宇宙訓練你成為更好的太陽人馬的一個課程。太陽人馬的人都很有正義感，都很敢言，但要如何在敢言的同時不傷害到別人、不傷害自己，正是今年你要做的功課。

但可喜的是土星的負面影響也已經走到了盡頭。土星在今年的5月26日到9月1日即將暫時離開雙魚，走進牡羊。牡羊與人馬同屬火象星座，能量可以彼此互助。當土星的影響力由負轉正，你會發現，前兩年吃的苦頭是值得的，之前學會的技巧，比如哪些話當講哪些話不當講，從現在開始，都成為你更上一層樓的助力。雖然今年9月2日土星會逆行回雙魚，再度帶來負面影響，但這一波的土星影響已經到了尾聲，如果你能在這段期間好好清點這兩年學到的本領，到了明年2月15日土星正式進入牡羊，你會發現自己終於出頭天了。

桃花來了

2/5~3/27,10/14~11/6

金星是愛與美之星，當天上的金星走進跟你的太陽相同的星座，在這段期間，你就會宛如頭上掛著金星。今年12月1日到12月24日天上的金星走入人馬，你在這段期間會受到眾人喜愛，眾人對你投以愛，你也以愛回報世人，如果想要脫離單身，這段期間一定要多多安排交友活動。也因為這段期間你會真的變美，想要換新髮型或買新衣服，這會是最佳良機。

2月5日到3月27日與5月1日到6月6日，天上的金星會對你的太陽產生正面影響，這個時候你會非常有人緣，不管是推動工作或聯繫感情，你都會覺得很順利。

上昇人馬——資產收益收穫豐碩

上昇星座是「上昇點」的俗稱，而上昇點會隨著你的出生時間、出生地點的經緯度而有不同。以台灣來說，即使在同年同月同日同地點出生，只要出生時間不同，平均大約晚四分鐘，上昇點就會差一度。也因此，想要查出上昇星座，必須要有出生時間，或至少有出生時辰，才能估算出上昇星座。

上昇星座跟太陽星座並不相同。藉由太陽被天上行星引動的順逆，我們可以看出太陽的相關事務是否容易達成，其中最主要的是工作順不順利，日常生活過得是否順心。但上昇點要描述的是生活情境，藉由上昇點，我們可以劃分出十二生活領域，今天天上有一顆吉星高照，到底是照在你的金錢領域或是戀愛領域，這得要從上昇點區隔出來的十二個生活領域才看得出來。

十二個生活領域也跟上昇點息息相關。原因在於上昇點反映出我們的出生環境，我們會藉由跟出生環境的互動，因而形塑出一個人格面具，進而面對生活中各種不同的情境。上昇人馬往往出生在自由自在而不受管的出生環境，這種人的家庭氣氛當然不會太嚴謹（四宮家庭宮落在雙魚），也因為自由自在，他們很喜歡跟愛聊天、好相處的人形成伴侶關係（七宮伴侶宮落在雙子）。今年代表社會資源的木星從雙子走進巨蟹，代表社會現實的土星從雙魚走到牡羊，因而上昇人馬會在家庭領域、創作領域與伴侶領域、資產領域有功課要做。

上半年合夥關係中出現貴人

2024/5/26~2025/6/9

天上的木星每一年都會進入不同星座，因而會隨著每個人上昇星座的不同而進入你的不同生活領域。木星帶來社會資源，其中包含了金錢、人脈、知名度與樂觀的態度，此外，也會比較容易受到社會的肯定。當天上的木星進入了不同的宮位領域，不管你原先對這個領域是否感興趣，木星都會像是拿著一顆紅蘿蔔，吸引你前往這個領域一探究竟，在為期一年的木星好運中，你都會很有機緣去獲取這個領域的寶藏。

從去年 5 月到今年 6 月，天上的木星進入了你的伴侶領域，其中包含了生活上或婚姻上的伴侶，也包含了事業上的合作夥伴。在這段期間，你會很明顯的感受到另一半是貴人，藉由貴人之助，不管是你的生活或工作，都因為對方而提高了不少層次，因為另一半之助，而進入了不同的生活圈或工作圈。

下半年合作關係更加親密

2025/6/10~2026/6/30

而從今年 6 月到明年 6 月，隨著天上的木星由雙子移動到巨蟹，也就是從你的伴侶領域移動到共財領域。這也意謂著 6 月之前的這一年，你跟貴人建立起了良好合作關係，就像是品牌聯名一樣，開始互相提攜，屬於「有名」、「理性」層次。

到了 6 月之後的接下來這一年，則進入了「有利」的層次，也因為雙方開始去思考利潤分配，雖然有利順都是好事，可是到底是應該你多分一點，還是我多分一點，這些事情都不會像前一年這麼簡單。

不過也因為木星是一顆吉星，它會帶來正向、樂觀的態度，因而如果你能趁著今年6月以前，也就是木星還停留在伴侶領域時，就應該要利用木星的樂觀正向，多多跟另一半溝通，並且建立起足夠的互信基礎，等到6月之後，木星進入了談錢傷感情的領域時，由於前一年建立的基礎夠強，雙方都足夠信任對方，談起錢來也比較不會起爭執。

家庭功課即將告一段落
2023~2026

土星會帶來責任與壓力，天上的土星會在每個星座大約停留兩年半，隨著天上的土星進入不同星座，就會隨著上昇星座的不同，因而進入你的不同生活領域。

前面提到，天上的木星就像是紅蘿蔔，木星會帶著各式各樣的利益與好心情，吸引你前往某個生活領域。相較之下，土星就像是拿著棒子的嚴苛教練，當它進入不同生活領域，就會像拿著棒子般，藉由各種現實生活中的壓力，逼你非把這個領域的功課做好不可。

從2023年開始，長達兩年半期間，天上的土星進入了你的家庭領域，你會發現，在這兩年期間，你遇到不少家庭中的麻煩事，不管是家人生病或房地產問題，都讓你有些疲於奔命。不過土星的存在，並不是為了體罰我們，而是讓我們學好現實功課，經歷了兩年的土星震撼教育，你會對家庭更為了解。今年在 5 月 26 日到 9 月 1 日，土星會短暫離開你的家庭領域，讓你鬆一口氣。9 月 2 日到明年 2 月 14 日，土星會最後重回你的家庭領域，你也可以像是做個結案報告般，好好回顧一下這兩三年來你學會的家庭功課，會對日後的人生很有幫助。

每月中心德目

接下來，我們來看一下上昇人馬今年每個月的生活重心，以及有哪些需要額外注意的時間點。

1 月

這個月的生活重心會放在跟賺錢有關的領域。也許是因為最近繳了一筆保險費，或是做了什麼比較大額的消費，你忽然發現，原來自己賺的錢這麼少，存款也這麼少。於是你開始積極的開源節流，開始努力尋找新的賺錢機會，也開始記帳，想要找出生活開支中，哪些部分是不必要的消費。這種金錢焦慮是健康的，如果能藉由這個焦慮來重整自己的收入、支出，會對未來一年的財務有很正面的幫助。

2 月

這個月會有很多跟人近距離接觸的機會，其中包含了手足或同學相聚、短程旅遊，可能會在這個月去參加很多講座，也可能會在社群媒體上忽然很受歡迎。既然人與人之間的接觸機會增加，如果從事的是業務員或講師，這段期間也會有很好的表現，很容易受人歡迎。

此外，2 月 5 日到 3 月 27 日，隨著天上的金星進入你的戀愛領域，這段期間，你會彷彿帶著玫瑰色眼鏡看世界，世間人事物皆可愛，也因為你能欣賞全世界，世界也會覺得你很可愛。也因此，這會是桃花很旺的一段時間。如果想要談戀愛的話，請務必多多安排一些交友活動。

3 月

這個月會有一些實際的家庭事務要操煩，而且很有可能是水電、網路要修理，或者房租需要換約，甚至有可能是家人生病之類，都會是必須你自己親自在家或親自去處理的瑣事。雖然都不是大事，但做起來也都有點麻煩，甚至有可能不是一兩天能做完。也因為家務龐雜，這個月最好不要安排很多工作，否則家務公務兩面燒，很可能兩邊都做不好，徒增煩躁。

4 月

這個月你會走進創作與戀愛的領域，不管看到什麼人事物，你都會覺得很有趣，靈感十足，想要寫詩、為文、畫畫。也因為對人特別有善意、特別有興趣，因而很容易跟別人產生戀愛火花。如果想要談戀愛的話，這個月會是一個好時機。多多籌劃一些交友活動，一定會讓你很有收穫。

5 月

延續著對人事物都很有興趣的桃花運，5 月 1 日到 6 月 6 日，隨著天上的金星也進入了你的戀愛領域，在這段期間，你不只是對世間人事物都很有興趣，而且是戴著粉紅色濾鏡在看世界，因而更容易將別人吸引到你身邊。

金星不但跟愛有關，也跟美有關。受到金星的影響，你在這段期間會很關心自己的打扮，會希望自己變得更美、更有吸引力，因而真的變得更美。所以如果想要換個髮型或添購新衣服，這會是一個好時機。

此外，這也會是個很奮發的一個月，或許你接到了某些重要任務，讓你因為責任心變強，因而願意早起晚睡，在工作上投注很多心力。但責任心太強，也可能會讓你過度焦慮，建議你應該不時的提醒自己稍微休息一下，這樣反而會更有效率。

6月

這個月會有一些伴侶責任要負，其中包含了生活上的伴侶與工作夥伴。一方面這些事情的性質，都不適合讓另一半自己做，另一方面如果真的讓另一半去做，對方一定會感到很不愉快，覺得你很不體貼，這會讓你們的關係產生一定程度的裂痕——這會是粗心大意的上昇人馬最需要留意的事。

也因為這些事情一定會佔據你的生活，所以這個月工作千萬別排太滿，否則很容易蠟燭兩頭燒，兩邊都做不好。

7月

這個月需要處理財產問題，其中包含了保險、借貸、遺產、集資等等跟他人有關的金錢議題，如果你是從事保險與各式金融工作，這個月會很有表現。即使不是從事相關工作，這個月也會忽然對保險或股市之類的議題很感興趣。如果能趁著這個月的衝勁，好好的理解自己的財產組成，也是一件好事。

8月

這個月會把重心放在高等心智領域，其中包含了異國文化、哲學、政治、宗教、法律、旅遊等等，如果從事相關工作，這個月會有很好的表現。但不管是否從事相關工作，這個月都會對異國旅行很感興趣。加上8月26日到9月19日，天上的金星也一起進入了高等心智領域，這會讓你更想花錢出國玩一玩。如果金錢許可的話，這個時候多花點錢去參加一趟豪華異國行，一定會讓你收穫滿滿。

9月

這個月會站在事業舞台上發光發熱，也許是上台報告或主持會議，你會站在聚光燈的焦點，讓眾人見識到你的厲害。也因為這個月你有緣站上事業舞台，事前準備就變得有必要。在這段期間，你應該要隨時注意自己的外貌與打扮，最好多準備一套稍微正式一點的服裝，否則稍微一不小心，就披頭散髮的被抓上台，這樣就無法給眾人留下良好印象了。

10月

這個月的重心會放在社交舞台，你會多了許多跟老朋友與新朋友應酬的機會，如果能夠好好的利用這個月的社交能量，就有可能老朋友帶來新朋友，新朋友之後又變成了老朋友。而這件事的重要性，在於藉由社交生活，我們得以篩選出那一些人是真的可以跟我們合得來的真朋友。假以時日，這些朋友在日後會有機會成為你的盟友。

11月

相較於上個月社交生活的熱鬧，這個月息交絕遊，生活變得很冷清。再加上工作上也沒有急需完成的任務，隨著人變懶散，身體也開始出現一些小狀況，不管有沒有生一些小病，每天都會很不想起床，人生彷彿失去了方向。

如果之前一向積極奮發，在這段期間可能就會感到恐懼，擔心自己是不是病了，怎麼忽然變得這麼懶散。請不要慌張，這是每個人每一年都會出現的維修期。在這段委靡不振的時間，剛好可以讓你重新調整腳步，想一想自己一整年都在忙些什麼、亂些什麼，到底有沒有真的往目標更接近了些。這樣才真正能達到「休息是為了走更長遠的路」的目的。

12月

一掃上個月的委靡，這個月彷彿從沈睡中醒來，不但精氣神十足，對未來也忽然有了很多新想法。如果能將這些新想法好好記下來，一一去實踐，會對接下來的一年很有幫助。否則等到這個月過完，新想法與衝勁就會逐漸消退，又回到習以為常的生活，這件事多少有點可惜。

月亮是一個人生命中最重要的陰性能量，它會顯示出童年經驗中的母親原型，這個原型塑造了當事人的情緒模式，也會在生命中的重要女性身上反覆出現。

——摘自《情感的合唱：月亮、水星、金星、火星相位中的風景》

Chapter 10

摩羯座

黃道十二個星座並不是不相干的十二個東西，它們具有前後相關的邏輯，它們分別代表了個體化完成的十二個階段。也因此，我們會發現，前面的星座（如牡羊、金牛、雙子等等）都比較直接，而越後面的星座則越複雜。摩羯是第十個星座，它接在人馬後面，是社會化的最高峰。人馬代表的是社會道德，而摩羯代表了社會上實際的組織。摩羯之後是寶瓶、雙魚，寶瓶要打破既定結構，而雙魚要回歸宇宙，由此可見，摩羯是最為入世，也最為實際的星座。

十二個星座又分為火象星座、土象星座、風象星座與水象星座，摩羯是第三個土象星座，三個土象星座分別代表了物質世界的三種層次，金牛代表的是基本的物質層次，就是資產的擁有，處女代表人與人之間的物質層次，也就是品質管制，而摩羯是處理眾人之事，它代表政治。

本章要探討的內容，包含「太陽摩羯」與「上昇摩羯」。上昇星座會隨著出生時間而有所不同，請查一下出生時間（或至少有時辰也好），就能查出上昇星座是什麼。關於太陽星座與上昇星座的差別，請參考第 12 頁的內容。

太陽摩羯──調整步伐及早準備

行事曆：請大家先把這五個日子登記在行事曆上，提醒自己千萬別錯過這些重要運勢。

◆ 5/26 現實壓力測試的預習

◆ 6/10 避免過度樂觀

♥ 1/17 桃花來了

♥ 6/7 桃花來了

♥ 9/20 桃花來了

「太陽摩羯」是指每一年在 12 月 22 日（可能會有前後一天的誤差）到隔年 1 月 20 日（可能會有前後一天的誤差）之間出生的人。

大家常說「我是摩羯座」，通常是在說「太陽摩羯」，也就是「我的太陽在摩羯座」的意思。當你的太陽位在摩羯，你的太陽就會運用摩羯的保守、務實能量發光發熱。我們每個人的本命星圖中都有十顆主要行星，太陽代表了你的主觀意識與人生目標，它是群星的火車頭，因而太陽這顆星今年遇到了好的運勢或不好的運勢，攸關這一年工作與生活是否順利。

今年最讓太陽摩羯有感的，會是 6 月起木星進巨蟹帶來的社會資源過度膨脹，以及夏天三個月土星進牡羊帶來的現實生活震撼教育。但今年的考驗，其實提供了一個及早預習的機會，如果能好好掌握的話，明後年會輕鬆許多。

避免過度樂觀

2025/6/10~2026/6/30

天上的木星帶來社會資源，它平均一年會走入不同的星座。當天上的木星對你產生正面影響，它就會帶來金錢、人脈、知名度與正向樂觀的態度，而當天上的木星對你產生負面影響，它一樣會帶來金錢、人脈、知名度與正向樂觀的態度，問題是會比你想像中的要少很多。因而會害你打錯算盤，導致損失。

從今年6月到明年6月，由於木星進入巨蟹，會為你帶來負面影響，因而在這一年中，你會很容易過度樂觀，錯估形勢。在這段期間，賺的錢會比你想像得少，花的錢會比想像得多。會遇到很多朋友，這些人也許也都是好人，但你很可能會因為花太多時間跟他們在一起，以致於沒時間做正事。這個時候也許知名度、能見度會增加，但未必都是正面聲量。也就是說，從今年6月到明年6月，你會處於一種過度樂觀、過度亢進的狀態。

這種亢進狀態，對向來較為保守的你來說未必是壞事，唯一要注意的是金錢投資。畢竟在生活上或人際關係上，過度樂觀、過度亢進的影響不大，但如果是在金錢投資上過度樂觀，就會引發比較麻煩的結果。尤其要注意的，是不能借貸，畢竟自己的錢如果虧掉也罷，如果虧掉的是借來的錢，日後還得要還錢。

現實壓力測試的預習

5/26~9/1

天上的土星帶來現實壓力，它平均兩年半會走入不同星座。土星就像是一個嚴格的教練，它會用各種方式逼著我們面對現實生活中的課題。當天上的土星對你產生正面影響，它就會像一個體貼的教練，雖然嚴格，但是都會用合理的方式來要求你達成目標，但當天上的土星對你產生負面影響，它就會用讓你很痛苦的方式，讓你很辛苦的完成任務。也因此，土星是一顆業力星，當大家遇到痛苦的現實考題時，都會覺得我們是在償還業力，而不是在學功課。

今年從5月26日到9月1日，天上的土星短暫進入牡羊三個月，會對你帶來負面影響。在這段期間中，你很可能會在工作與生活中遇到很大的壓力，不管是大小事，你都很容易被人放大檢視，被人放大檢視當然不會快樂，但從另一個角度來說，如果連放大檢視都可以輕鬆通過，就表示你這個功課做得很好，現在蹲得夠低，將來就能跳得更高。當你遇到土星的負面相位時好好的磨練了自己，將來等到土星對你有利時，你就能夠達成更高的目標。

天上的土星平均每兩年半會走入不同星座，今年這三個月走入牡羊，雖然會有負面影響，由於時間不長，影響力也不大，因而可以是視同防空警報。如果懂得善用這個警報，好好的清查一下哪邊有問題並予以調整，等到明年 2 月土星正式進入牡羊，你就能更從容面對。

前一段提到，隨著木星進入巨蟹，你會變得過度樂觀，而這一段卻指出你會受到現實壓力，那到底是過度樂觀還是壓力很大呢？答案是兩者皆有。這也是明年運勢的特殊之處：很多人會同時受到木星與土星的負面影響，因而樂觀也不是，悲觀也不是，感到進退失據。在這樣的拉鋸中，鞏固自己、增強自己的能力最重要，好好的打好基礎，就比較不會受到外界的影響。

桃花來了
2025/12/25~2026/1/17

金星帶來愛與美，當天上的金星走入跟你的太陽同樣星座時，受到金星的影響，你也會變得很有魅力，會用自己最美好的一面面對大家，眾人也會對你投注愛的眼光。今年從 12 月 25 日到明年 1 月 17 日天上的金星會進入摩羯，在這段期間，你會很受人歡迎，這個好運勢很適用在戀愛上。如果想要脫離單身，這段期間一定要多多安排一些交友活動。

除此之外，6 月 7 日到 7 月 4 日金星進入金牛、9 月 20 日到 10 月 13 日金星進入處女，金牛、處女跟摩羯同屬土象星座，會對你帶來正面影響，最適合結交好友，如果之前工作上跟別人有什麼不愉快，這也會是化解衝突的最佳時機。

上昇摩羯──伴侶生活甜蜜安穩

大多數人都知道自己的太陽星座，卻不太清楚知道自己的上昇星座，原因在於通常只要知道日子，甚至知道月份，就可以知道自己的太陽落在哪一個星座。而上昇星座比較麻煩，它需要依靠出生時間，至少需要有出生的時辰，才能依據出生時間、地點來算出來。

為什麼需要這麼大費周章？原因在於上昇點是一個人星圖的起點，從這個起點開始，可將星圖畫出十二個領域，因而知道我們人生的戲要從哪裡開始演，在不同的領域中，各自戲份有多少。它用於推算行運時格外重要，也許上半年你演的是愛情戲，結果一到秋天就忽然換成職場戲。隨著天上的行運之星進入不同宮位，你的生活重心也會跟著改變──而這一切，都跟你的上昇點有關。

上昇點所在的星座也被稱為上昇星座，它代表了我們因應著出生環境而產生的人格面具，有了這個人格面具，面對著不同生活領域，就會有著不同的應對模式。

上昇摩羯通常出生於注重現實，甚至到了功利主義的環境中，因而長大以後，會渴求能帶來家人般溫柔情感的另一半（七宮巨蟹）。而注重功利的出生環境，也讓他們內心深處容易陷入暴躁，不太容易享受安靜的居家生活（四宮牡羊）。隨著今年天上的木星進入巨蟹，土星進入牡羊，上昇摩羯會在伴侶領域與家庭領域有功課要做。

上半年工作領域資源豐富

2024/5/26~2025/6/9

木星代表社會資源，其中包含了金錢、人脈、知名度與樂觀的態度，只要木星進入某個生活領域，基於木星的正向思考，你都會有很多新想法，藉由木星的社會資源，好好的經營這個領域。天上的木星大約每一年會進入不同星座，每個人都會隨著上昇星座的不同，天上的木星夾帶著社會資源，進入你的不同生活領域。

從去年 5 月到今年 6 月，天上的木星進入雙子，也就是你的工作領域，在這段期間，你會遇到很多很好的工作機會，不只是能帶來獲利，而且工作內容與一起工作同事都好到讓你覺得難以抗拒，也因此，你可能會因為接太多工作而過度忙碌。

下半年社會資源進入伴侶領域

2025/6/10~2026/6/30

從今年 6 月到明年 6 月，天上的木星進入巨蟹，也就是你的合夥領域，其中包含了婚姻伴侶與事業合作夥伴。摩羯的核心價值是在社會上功成名就，可說是最務實，最重功利的星座，而巨蟹則最重視情感，當天上的木星走入巨蟹，木星就會高舉著社會資源的火把，帶著上昇摩羯進入合夥領域。每個人的合夥領域都會跟上昇星座相反，原因在於上昇星座代表了一個人的童年環境，藉由童年環境而養成了面對世界的直覺反應。所以我們很容易被跟我們習性完全相反的人吸引，而在星圖的設計上，當兩個性質相反的人一起合作，就有機會由對立走向互補，由對立走向整合，可以成為一個更好的、更周全的新個體。

雖然大家面對著與上昇習性相反的伴侶領域，都會有一些不習慣，但還好木星帶來樂觀的態度，讓你樂意前往未知的領域。好好的利用這一年打好夥伴關係，有了足夠的互信基礎，就算日後遇到合作上的難題，也會比較容易化解。

家庭功課即將開始

5/26~9/1

木星與土星都是社會星，兩者的能量相反。木星帶來資源，木星帶來樂觀，而土星帶來現實壓力，土星帶來悲觀。木星與土星，就像是紅蘿蔔與棒子，木星讓你開開心心的去做某個功課，而土星則像嚴格的教練，讓你不做功課都不行。

天上的土星在一個星座大約停留兩年半，隨著上昇星座的不同，為你帶來不同領域的功課。之前土星在雙魚停留了兩年多，今年即將要進入牡羊，也就是你的家庭領域。當土星進入家庭領域，你就會有許多不得不去盡的家庭責任。有可能是家人生病，也有可能是買賣房子，或有可能是房子需要整修，總而言之，土星帶來的都會是實際的功課，而且需要花時間去做，不太有可能完全請人代勞或忽視不做。

前面提到，上昇摩羯的你出生在注重世俗成就的家庭，因而比較注重事業上的表現，希望花更多時間在工作上，取得更高的成就，這也意謂著你對家中瑣事不但不熱衷，而且常常感到不耐煩。

但家庭是一個人內心的根基，你不可能永遠都不碰家庭事務，這個功課不可能交給別人來做。隨著今年土星進入家庭領域，就彷彿是考試鈴聲響起，家庭功課不做都不行。

即使如此，想要做好土星的功課，還是有其技巧。今年5月26日到9月1日土星會先進入你的家庭領域試個水溫，這個時候你會遇到一個三個月內可以解決的小規模的家庭議題，如果你能將它當成一個預演，好好的排練一下，等到明年2月15日土星正式進入家庭領域，你的功課會做得比較輕鬆。

每月中心德目

接下來，我們來看一下上昇摩羯今年每個月的生活重心，以及有哪些需要額外注意的時間點。

1月

受到過新年的影響，這個月你會煥然一新，對人生、對生活、對工作、對未來有了很多新想法，並且立下對新一年的宏願。這固然是好事，但總是很容易一覺醒來就忘了。如果想要持續下去，最好趁著還算熱衷的這個月，將今年想做的事情切成四塊，分別列入每一季的計畫，這樣會比較容易成功。

2月

這個月的重心會放在金錢領域。或許是因為過年或其他各種原因，你會發現原來自己的收入這麼少，存款也這麼少，於是開始積極的開源節流。開源節流固然是好事，但它其實也很像是新年許願，許願的時候雄心萬丈，但過了一兩個禮拜就完全忘掉。如果真的想要達成幫助財務的願望，不能光是想一想，查一查資料，還是得要親身去做，才能真正達成目標。

3月

這個月的重心會放在一些跟溝通有關的事物上。在這段期間，你對各種知識的好奇心會變強，會很想要了解各種身邊知識，因而很樂於發問，會有一種一坐下來就跟身邊人聊起來的衝動。如果從事的是教學、業務、大眾傳播媒體相關工作，這個月會有很好的表現。而這也是一個敦親睦鄰的一個月，在這段期間，如果出入時能多跟鄰居或管理員點頭微笑，都能促進鄰里關係。

4月

這個月會有很多跟家庭有關的實際任務要做。所謂的「實際任務」，往往都會是一些必須親自去做的事，諸如水電維修、房屋資產相關、家人照顧等等，這些都是不方便也不宜交辦給別人的私事，都需要你親自出面處理。也因為這個月會有許多不方便假手他人的私事，因而最好不要排很多工作，否則公事私事兩頭燒，不但會很煩躁，而且可能兩邊都做不好。

5月

這個月會充滿赤子之心，看到世間人事物皆美好，世間人事物也回報你以美好。在這段期間，你會放下功利之心與比較之心，你看世間皆可愛，世間看你也可愛，因而想要跟整個世界談戀愛。

既然想跟整個世界談戀愛，當然很適合真的去談一場戀愛。如果想要脫離單身，在這段期間，一定要多安排許多交友活動，一定會有許多收穫。就算不想談戀愛，這段期間也很適合多去看看戲、聽聽演講，也會讓你對生活產生很多新靈感。

6月

前面提到，如果想要脫離單身，上個月應該要安排許多的聯誼活動。而從6月7日到7月4日，隨著天上的金星進入你的戀愛領域，你的情感生活會顯著增溫。金星是愛與美之星，如果上個月已經認識了一些新朋友，藉由金星之美，你們之間會有許多進一步交往的機會。

但這個月的生活主軸會放在工作。也許你會在這段期間接到一份重要的任務，讓你再怎麼辛苦，都會鞭策自己努力去完成。要提醒你的是，有責任心固然好，但隨時找機會讓自己休息一下，效率會更好。

7月

這個月會有一些跟伴侶相關的工作要處理，其中包含了生活上、婚姻上的伴侶，以及事業夥伴。在這段期間，會有許多不方便假手他人的私人事務，需要你跟你的伴侶一起去處理。也因此，這個月應該要盡量把時間空出來，不要排太多工作，以免蠟燭兩頭燒。也因為這個月有一些實際事務需要你跟伴侶共同完成，不妨在工作完成之後，好好的跟伴侶吃頓大餐，甚至安排一趟出遊，這對接下來一年的合作關係，會有很大的幫助。

8月

這個月的重點會在理財，而這個月的理財，又跟二月的「賺錢」不太一樣。二月純粹是覺得自己的錢不夠，需要開源節流，而這個月會觸碰到的金錢議題則比較複雜，它涉及了與他人相關的金錢，其中包含了借貸、保險、集資、募款等等，如果從事相關工作的話，這個月會很有表現機會。即使不是從事相關工作，在這段期間，如果能多關心一下自己的資產配置，也是一件好事。

9月

這個月會把重心放在高等心智領域。如果從事的是文化、教育、法律、宗教、旅遊與國際貿易，這個月會有很多表現的機會。即使不是從事相關工作，這個月也會對各種文化、哲學議題很感興趣。俗話說，「讀萬卷書不如走百里路」，如果時間、金錢允許，這個月也會是最適合出國旅遊的好時機。

10月

這個月會在事業舞台上很有表現。不管是上台報告或主持會議，你在這個月中，會有很多站在眾人前面，在聚光燈下發光發熱的機會。如果能事前好好準備，上場時不要怯場，就有機會讓大家留下深刻的好印象，日後如果有更好的工作機會，就很容易受到提拔。

再加上10月14日到11月6日天上的金星也一起進入了你的事業領域，這意謂著你不但可以在事業上很有表現，而且不會因為表現突出而遭人忌恨，表現越好，人緣也越好。但也因為金星停留的時間大約只有三週，因而最好趁著金星還在，好好的打點跟事業有關的人緣，盡可能的結交好友，這些好友，很有可能日後都能成為你的盟友，助你一臂之力。

11月

這個月的重點會放在社交舞台，很容易有許多新朋友與老朋友聚會，而且有可能會老朋友帶新朋友，新朋友又成了老朋友。但這樣的人際好運，如果只是拿來吃吃喝喝，就太可惜了。如果能利用這個月好好運籌帷幄，過去跟別人的摩擦可以一笑泯恩仇，未來的盟友則可以藉此時深植感情，這樣才能將這個月的人際好運發揮最大作用。

12月

經過了上個月的門庭若市，這個月息交絕遊，進入沈潛狀態。也許在這個月中，你沒有什麼急需完成的任務，心態上稍微一放鬆，身體也就不太受控的生了病，就算沒生病，這個月也會有點病懨懨的提不起勁。很多人會對這種軟爛狀態感到害怕，擔心自己是不是出了什麼事，但這一切都是正常的，休息是為了走更長遠的路，在這個月中，你應該好好放空，什麼都不想。等到下個月一到，你就會煥然一新，重新出發。

其實也不必等到下個月，從12月25日開始，隨著天上的金星進入摩羯，上昇摩羯的你會立刻發現自己變美、變得更受歡迎，世界也變得更美好。天上的金星大約在一個星座停留三週，因而這段期間，也會是換髮型、添購新裝的年度最佳良機，請千萬別錯過。

生命中很多情境都是一念之間。而所謂的「一念」，其實都跟我們面對生命的基本態度有關。

——摘自《都是逆行惹的禍：靈魂的星座重修課》

Chapter 11

寶瓶座

大家想到寶瓶，常常會聯想到「狀況外」或「外星人」，這些形容詞都有一定程度的正確，但我們應該要把它納入整個占星學邏輯來看，才能完整的理解寶瓶的意涵。

十二個星座並不是十二個不相干的形容詞，它們分別代表了個體化完成的十二個進程。從牡羊的誕生、金牛的資源搜集開始，一直走到人馬的社會道德、摩羯的社會具體結構，走到了社會化的最高峰。但如果個體一直停留在摩羯的社會現實，就會僵化，因而摩羯的下一個星座，就是要革命，要打破一切成規的寶瓶。寶瓶既然要打破框架，自然不會從框架內的邏輯去思考，無怪乎會被人視為「狀況外」或「外星人」了。

本章要探討的內容，包含「太陽寶瓶」與「上昇寶瓶」。上昇星座會隨著出生時間而有所不同，請查一下出生時間（或至少有時辰也好），就能查出上昇星座是什麼。關於太陽星座與上昇星座的差別，請參考第 12 頁的內容。

太陽寶瓶──世代大運登峰造極

行事曆：請大家先把這四個日子登記在行事曆上，提醒自己千萬別錯過這些重要運勢。

◆ 1/1 社會資源獲利了結

◆ 1/1 攀登人生大運

❤ 7/5 桃花來了

❤ 10/14 桃花來了

「太陽寶瓶」是指每一年在 1 月 20 日（可能會有前後一天的誤差）到 2 月 18 日（可能會有前後一天的誤差）之間出生的人。

所謂「太陽寶瓶」，意指「太陽在寶瓶」。我們每一個人的本命星圖中都有太陽、月亮、水星等十顆行星，它們就像我們人生大戲中的十個演員，而太陽自然是主角中的主角，它代表了一個人的人生目標。當太陽落在不同星座，就會藉由不同的星座能量來發光發熱，當一個人的太陽落在寶瓶，它就會利用寶瓶的前衛、特立獨行能量來發光發熱。也因為太陽是人生的火車頭，因而太陽這顆星今年遇到好的運勢或不好的運勢，都會攸關今年的工作與生活是否順利。

今年最讓太陽寶瓶有感的，會是上半年木星進入雙子，會對太陽寶瓶帶來正面影響，但木星來得快去得快，可得好好把握良機。

社會資源獲利了結
1/1~6/9

寶瓶是第三個風象星座。風象星座都與溝通有關，雙子是第一種溝通層次，它代表了一種自說自話但很熱鬧、風趣的溝通；天秤是一種人與人之間的溝通，它最注重平等；寶瓶則屬於人與宇宙之間的溝通，它超越了時代，也不關切是否每個人都聽得懂。從去年5月到今年6月，天上的木星進入了雙子，雙子跟寶瓶同屬風象星座，能量可以彼此互助。在這段期間，太陽寶瓶會感受到社會資源的充裕，因為資源的充裕，讓你更勇於做一些新嘗試。

很多人會因為這段期間的金錢資源寬裕，而想要做一些投資，但要特別小心的是，木星因為走得快，所以它其實利於收割而不利於投資。尤其木星從去年5月就已經在雙子待了半年，因而只剩半年的時間，想要從頭開始投資，很可能已經來不及收成。尤其如果是投資股票之類的金錢投資，假如因為這陣子的榮景而決定去借錢來加碼趁勝追擊，等到6月木星離開，就很有可能付不出利息，無法平衡過來，反而造成很大的虧損。現在最應該做的，其實是檢視手頭有哪些現有的、未完成的案子，想辦法在6月9日前完工，至少要在6月前公布、預售，這樣木星的好運才能充分派上用場。

木星帶來社會資源，很多人會直接將它等同於金錢，但這實在很可惜，因為金錢來來去去，當木星對你有好的影響，你就容易賺到錢，當木星離開，你就什麼都不剩。木星是一種正向且膨脹的能量，它包含了金錢、貴人、新想法與正面樂觀的態度，藉由木星的膨脹特質，我們可以走到更遠、更高的地方。當我們從木星得到了金錢，固然可以用錢滾錢，但更應該思考的是藉由金錢的寬裕，我們可以去追求更高、更遠的價值，也就是藉由木星的資源，去換取人脈、新知，更重要的，是去追求智慧，這些都是即使木星離開，依然可以留存在生活中，持續對我們有幫助的資源。這才是木星真正的價值。

攀登人生大運

1/1~12/31

冥王星代表了世代集體意識中的佔有欲，當世代集體意識都迫切的想要某一個事物，它就會變成政治、經濟的主流。而且天上的冥王星走的速度很慢，大約需要十二年到三十二年才會走過一個星座，當長達十幾二十年或三十年的時間，整個地球的人都強烈的渴望某一個事物，當然會造成很大的影響。

舉例來說，冥王星從 2008 年到 2024 年都持續停留在摩羯，摩羯是一個跟政治直接相關的星座，大家一定很有感，在過去的十幾年間，再怎麼不關心政治的人，都因為政治人物的明星化、名嘴化而或多或少的接觸了許多政治訊息。而從 2023 年開始冥王星進入寶瓶，並且大約會在寶瓶停留二十年。寶瓶代表打破框架的革命思考，首先反映在各式各樣的高科技產業，會在接下來的二十年間主導人類的生活。

而其中受到最大影響的人，當然是太陽寶瓶。對所有的太陽寶瓶來說，冥王星進入寶瓶的這二十年間，都會陸續因為巨大的社會潮流而受惠。冥王星是一顆世俗之星，它會透過巨大的意志力，讓人得到世俗的成功。平常再怎麼看起來像化外之民的太陽寶瓶，在這段期間都會忽然懂得了社會脈動，開始逐階攀爬事業的高峰。也因為冥王星走得很慢，今年受冥王星幫助最大的，會是出生於1月20日到1月26日的太陽寶瓶前段班，太陽寶瓶的中段班與後段班別急，在這段期間，你會感受到奮發的氣氛，但機緣還沒到。請先做好準備，過兩年機緣一到，就可以榮登高峰。

桃花來了

7/5~7/31,10/14~11/6

金星是一顆愛與美之星，當天上的金星走到給你的太陽和諧的星座時，受到金星之惠，你整個人都會散發出愛與美的氣息，會讓你非常受大家歡迎。今年金星會在7月5日到7月31日進入雙子，在10月14日到11月6日進入天秤，雙子、天秤與寶瓶之間有著和諧相位，因而會帶來正面影響。在這段期間，你的人緣會變好，桃花也會比較旺，如果想要談個戀愛或換造型、買衣服，千萬不要錯過這些時機。

上昇寶瓶──工作運佳當仁不讓

很多人都搞不清楚太陽星座與上昇星座的差別。所謂「太陽星座」，是指「你的太陽所在的星座」，而「上昇星座」，則是「你的上昇點所在的星座」。太陽星座比較好找，因為太陽大約三十天走一個星座，但上昇點平均每兩個小時就會改變，所以需要比較精確的出生時間，至少要有出生時辰，才能推算出上昇星座。

上昇星座與太陽星座的最大不同，也在於從上昇點開始，可以依序畫出十二個領域，從一宮的自我意識、二宮的金錢領域、三宮的溝通領域、四宮的家庭領域……太陽星座的運勢，只能揭露跟太陽有關的事務（主要跟工作有關），而上昇星座會隨著天上的星星進入不同的宮位，因而點亮了不同生活領域。

而十二個宮位的生活領域，又跟上昇星座彼此相關。上昇星座代表的是一個人的出生環境，經由這樣的出生環境，我們養成了一個面對外界的人格面具，而這個人格面具在面對不同面向時，也會有不同的特質。寶瓶是一種異於常理的能量，當一個人的上昇在寶瓶，這個人就會經歷異於常人的童年生活，對很多事物的看法，也都會跟大眾不太一樣。例如他們看待家人如外人，卻常常把同事當真正的家人（六宮工作宮落在巨蟹），又如他們沒什麼金錢觀念，最討厭記帳（二宮金錢宮在雙魚）。隨著今年天上的木星由雙子進入巨蟹，土星停留在雙魚，上昇寶瓶會在戀愛領域、工作領域與金錢領域有功課要做。

上半年跟世界談個戀愛
2024/5/26~2025/6/9

木星代表社會資源，它大約每一年會走入不同星座。當天上的木星進入你的不同生活領域，就會好像點燈一般點亮了這個生活領域，讓這個生活領域成為你這一年的重心。

木星的社會資源，包含了金錢、貴人、知名度、好感度以及樂觀的態度。木星就像紅蘿蔔，土星就像棒子，木星總是帶來許多令人喜悅的東西，讓你主動的想去做某個領域的功課。從去年5月到今年6月，天上的木星進入你的戀愛領域，所謂的戀愛，並不只是男歡女愛，它更跟整個世界談戀愛。

在這段期間，你會彷彿戴著粉紅色眼鏡看世界，感覺到全世界的人事物皆可愛。也因為處於廣義的戀愛心情，因而創作力十足，經常覺得有詩想寫，有歌想唱。如果想要脫離單身，應該趁著這段期間多多安排一些交友活動，就算不想談戀愛，也一定要趁這段期間多多看表演，多多參加一些講座，它們會讓你有著滿滿收穫。

下半年社會資源進入工作領域
2025/6/10~2026/6/30

從今年6月到明年6月，隨著天上的木星進入巨蟹，它也進入了你的工作領域。當木星進入工作領域，你就會在工作領域中遇到貴人貴事，也會因為勤奮工作而賺到不少錢。

但重點並不在賺錢，而在於你會感覺到自己正在做一件有意義的事，為了完成你的理念，這件工作義不容辭，非做不可。也因為木星會帶來正向的態度與良好的環境，在這段期間，不但同事都是你的貴人，你接到的案子都是有意義的好案子，而且你會有層出不窮的新點子，讓你想要再多做一點、多努力一點，讓你的工作更完美，讓工作規模更大，讓版圖更為擴張。

不過也因為木星有可能會讓你過度自我感覺良好，因而不知不覺接下過量的工作。在這段期間，你一定要隨時提醒自己量力而為，雖然這些工作都很好、很重要，但如果忙過頭生了病，可就什麼也做不成了。

金錢功課即將做完
2023~2026

這兩年多來，上昇寶瓶都會感受到金錢壓力。原因在於天上的土星從 2023 年開始進入雙魚，而雙魚正是上昇寶瓶的金錢領域。土星帶來現實壓力，它就像是一個嚴格的教練，當它進入了任何生活領域，就會彷彿帶著棍子，用充滿壓力的方式來鞭策你。

當土星進入金錢領域，你會遇到許多現實考驗，讓你感到錢真的很不夠用。上昇寶瓶的人一生清高，覺得金錢最為俗氣——而土星正是要來質疑這件事。你活在現實世界，現實世界就是需要金錢，雖然沒有必要視錢如命，但對金錢也應該要有一定程度的了解，不能一想到錢就想逃避。這樣不但不會有錢，而且還很容易在金錢上被別人佔便宜。而土星進入金錢領域時，最明顯的是會讓你實際遇到入不敷出，當你的錢付不出來，再怎麼不想面對金錢的人，都會被逼著不得不好好盯牢自己的存款簿，不得不好好的量入為出。

但土星的鍛鍊是有必要的，土星法則即現實法則。天上的土星大約每兩年半會走入不同星座，透過土星從 2023 年起的兩年半鍛鍊，你應該已經建立起良好的金錢觀念，等到明年 2 月土星離開雙魚，你在金錢領域的功課就完美達成了。

每月中心德目

接下來，我們來看一下上昇寶瓶今年每個月的生活重心，以及有哪些需要額外注意的時間點。

1月

雖然這個月大家都在慶祝新年，都在列年度計畫，你卻覺得意興闌珊，只想躺著過日子——這是正常的。每個人在一年中，都會有一個月的進廠維修期，只是對上昇寶瓶來說，這個維修期，剛好落在別人努力拚新計畫的新年期間。

在這段期間，也許是因為沒有什麼重要任務要完成，心態稍微一鬆懈，身體狀況也立刻鬆垮下來。你很可能會生一場小病，就算沒有生病，每天也不會生龍活虎，而是懶懶的賴在床上不想動。但這一切都是正常的，我們每一年都需要有一段不做正事的休養期。雖然這段期間身邊的人受到新年新氣象的激勵，可能都會顯得積極奮發，但對你已經忙碌了一整年的你來說，軟爛一個月又何妨？

2月

經過上個月的休養生息，這個月彷彿重生。你會覺得整個人煥然一新，一反上個月對未來毫無想法、體力不支，這個月不但變得有精神，而且充滿了對未來的想法。但問題是這種振奮感，往往難以維持，過了兩三個禮拜就會退去。想要維持動力，最好的方式還是先把你想到的新點子、新計畫列出來，並且規畫出年度進度與每月進度，並依序推進，這樣你才能按部就班的完成願望。

3月

這個月的生活重心會放在金錢領域。或許是因為繳了一大筆錢或各種原因，你忽然發現你賺的錢實在太少，存款也實在太少。於是積極尋求開源節流的管道，如果能運用這個月忽然湧現的金錢危機意識，好好的檢視自己的收入，好好的開拓新財源。

4月

這個月的重心會放在各式各樣近距離溝通相關領域，如果從事的是業務員、老師、大眾傳播媒體等跟溝通有關的工作，這個月會有很亮眼的表現。即使不是從事相關工作，你在這個月也會對各種知識很感興趣，其中也包含了去探索周圍環境，如果能為自己安排一趟兩天一夜的小旅行，一定會很有收穫。

5月

這個月的生活重心會放在家庭生活，你可能會遇到一些無法避免又不適合假手他人的家庭事務，例如房屋相關契約的處理、水電或網路維修，甚至家人身體不適，這些事物都會花掉你很多的時間精力。也因此，這個月不宜排太多工作，否則你可能會顧此失彼，兩邊都做不好。

6月

桃花之月終於來臨。在這個月中，你會對各式各樣的人事物都很感興趣，你會覺得有歌想唱，有詩想寫，萬事萬物都能引發你的靈感。也因為你覺得大家都可愛，大家也覺得你可愛。如果想要脫離單身的話，這個月最好多安排一些交友活動，一定大有收穫。即使不想談戀愛，這個月也適合多看一些表演、展覽，多聽一些演講，跟世界談個戀愛。

7月

這個月的工作重心會放在工作。這段期間，你可能會接到一個重要任務，讓你必須打起十二分精神，從早到晚都不鬆懈。在這段期間，你會因為意志堅強，身體狀態也變強——就算身體有一些不舒服，你也會因為不能倒下而硬挺過去。但硬挺久了還是會出問題，所以一定要找時間讓自己休息，以免累壞。

這個月的桃花依然很旺。7月5日到7月31日天上的金星會進入你的戀愛領域，金星帶來愛與美，當它進入你的戀愛領域，你就會很願意為喜歡的人打扮，願意取悅對方，而對方也會回報以愛意。

8月

這個月的重點在伴侶關係，其中包含了親密關係中的伴侶，以及事業夥伴。這段期間會出現一些實際事務，讓你不得不親自跟伴侶一起合作完成。也因為這些都是不方便假手他人，更不宜全部推給伴侶去做的任務，因而這個月千萬不能安排太多工作，否則很可能顧得了工作顧不了伴侶，兩邊不討好。

此外，8月26日到9月19日金星也進入了你的伴侶領域，代表愛與美的金星帶來喜悅，這也意謂著上半月你跟伴侶努力合作完成了任務之後，從8月26日開始，應該要好好的籠絡你的伴侶。也許去多吃幾次大餐，也許送一些禮物，甚至一起出去旅行。藉由金星的喜悅，可讓接下來一年的伴侶合作更加融洽。

9月

這個月的重心會放在理財，而且不是自己每個月賺多少薪水的那種財，而是各種跟他人有關的財產，其中包含了集資、借貸、保險與投資。如果從事的是保險與金融相關工作，這個月會很有表現機會。即使不是從事相關工作，這個月也會對各式各樣投資理財資訊很感興趣，不妨利用這段期間，多多充實相關知識，並且好好檢視、調整自己的資產組合。

10月

這個月會將重心放在高等心智相關事務，如果從事的教育、文化、宗教、法律、學術、旅遊與國際貿易，這個月都會有很好的表現。即使不是從事相關工作，這個月也會對高等心智領域很感興趣，你可能會想要去研究一些哲學、道德、神學相關學問，或想要深入了解異國文化。俗話說「行百里路勝讀萬卷書」，如果能趁著這個月出國旅遊一趟，會讓你的心靈有滿滿收穫。

11 月

這個月會在事業舞台上大有斬獲，也許你會遇到上台報告或主持重要會議的機會，因而被眾人看到你的表現。如果能及早準備，一定可以讓大家留下好印象，日後如果有其他的工作機會，也會優先想到你。除此之外，11 月 7 日到 11 月 30 日，天上的金星也進入了你的事業領域，在這段期間，你不但在事業舞台上鋒芒畢露，讓大家看到你的能力，而且還能因為金星之美，讓大家覺得你很有親和力。也因為金星進入事業舞台，藉此時機來在工作領域中廣結善緣，會對日後事業發展很有幫助。

12 月

經歷了上個月在事業領域上出了風頭，這個月會有很多交際應酬的機會，你可能會跟很多老朋友見面，也可能會認識很多新朋友，更有機會把原先的新朋友變成老朋友。再加上 12 月 1 日到 12 月 24 日天上的金星也進入你的社交領域，你會彷彿一人公關公司般的受大家歡迎，大家不管辦什麼活動，都會很希望邀請你到場，因為只要你到場，都會帶來金星的愛與美，讓場面變得很歡樂。也因此，如果之前跟別人有什麼不愉快，這會是最佳化解時機。

日常生活中每天會遇到的外界人事物，它們都是不同的磁場，不同的力量。而這些力量的大小，都會隨著你的心念、你的取捨而改變——否則，這世界上所有的道德、所有的宗教，都沒有存在的意義了。

——摘自《占星合盤的吸引力法則：宮位舞台的人際互動》

Chapter 12

雙魚座

黃道十二星座代表了個體化完成的十二個階段，從第一個星座牡羊代表個體的誕生開始，逐漸開始社會化，直到最為社會化的摩羯，之後的寶瓶開始要打破僵固的體制，它代表革命。而雙魚是黃道十二星座的最後一個星座，它代表回到宇宙的混沌。也因為雙魚是最後一個星座，它突破了生與死的界線、對與錯的界線，一切現實生活中執著的東西，到了雙魚都不重要了，因此它的能量與藝術、靈性最為相關。

黃道十二星座又分為火象星座（跟行動有關）、土象星座（跟物質世界的實際事物有關）、風象星座（跟溝通有關），與水象星座（跟情感有關），三個水象星座分別代表了三種情感層次，巨蟹是第一個水象星座，它代表了最基本的情感，也就是家人般的親情。天蠍是第二個水象星座，它代表了人與人之間的佔有欲，它是一種強烈的激情。雙魚是第三個水象星座，它超越人我之間的界線，它是一種廣泛的同情。

本章要探討的內容，包含「太陽雙魚」與「上昇雙魚」。上昇星座會隨著出生時間而有所不同，請查一下出生時間（或至少有時辰也好），就能查出上昇星座是什麼。關於太陽星座與上昇星座的差別，請參考第 12 頁的內容。

太陽雙魚──重責大任豐收成果

行事曆：請大家先把這五個日子登記在行事曆上，提醒自己千萬別錯過這些重要運勢。

◆ 1/1 現實責任開花結果

◆ 6/10 社會資源和諧相助

❤ 1/4 桃花來了

❤ 3/28 桃花來了

❤ 8/1 桃花來了

「太陽雙魚」是指每一年在 2 月 20 日（可能會有前後一天的誤差）到 3 月 20 日（可能會有前後一天的誤差）之間出生的人。

我們每個人的星圖中，都有十顆主要行星，它們就像是我們這場人生大戲中的十個演員，各自扮演不同角色。而其中主角中的主角，就是太陽。太陽代表了我們的主觀意識與人生目標，它是太陽系群星的火車頭，攸關我們人生目標是否容易達成。

所謂的「太陽雙魚」，是指你的「太陽」位在「雙魚」這個星座，你的太陽會藉由雙魚的能量形式來發光發熱。當一個人的太陽位在雙魚，這個人就會具有一定的理想主義特質，都會是有夢之人。今年天上的木星會在 6 月進入巨蟹，土星大半年停留在雙魚，它們都會為太陽雙魚帶來社會資源，值得好好把握。

社會資源和諧相助
2025/6/10~2026/6/29

木星代表社會資源，它平均每一年會走一個星座，天上的木星會從今年6月為期一年進入巨蟹，巨蟹與雙魚同屬水象星座，因而太陽雙魚在這一年中，都會因為木星帶來的社會資源而受益。

木星的社會資源包含了金錢、貴人，以及樂觀而正向的態度——後者尤其重要。因為有了樂觀而正向的態度，就會有勇氣去嘗試各式各樣的新事物。木星是一種膨脹的能量，藉由木星的樂觀大膽，我們會有嘗試錯誤的勇氣。這樣才有機會把格局越走越大，而不會墨守成規被時代淘汰。

也因為木星走得快，當木星的好運降臨，一定要好好把握。木星就像紅蘿蔔與棍子中的紅蘿蔔，當木星拿著紅蘿蔔在你眼前晃，很多人都只是會因為日子過得比較舒服，什麼事都不做的躺著把好運躺掉，沒想過木星的好運只有一年，躺著躺著就沒了。

如果想要善用木星資源，應該要從木星降臨之前就開始暖身，想一下自己的人生（或範圍小一點，想一下接下來的四年）想要做什麼，等到6月木星開始逐漸發生影響力之後，隨時觀察生活中的機遇，並鼓勵自己多方面多做新嘗試。這次由於木星進入的是巨蟹，對於太陽雙魚的你來說，這次遇到的不會是鋪天蓋地讓你非做不可的社會資源，而是讓你間接受益，有利於調整步伐。但也因為它會讓你「間接受益」，如果你沒有抓緊木星的腳步，就很可能會跟它擦身而過，白白浪費掉了木星良機。

最好的方法，是為自己訂立一個計畫，期限為明年6月底，規定自己無論如何要在明年6月底前做出一個成果，哪怕成果再小都很好，為自己辦一個成果發表，這樣會更有動力去做好木星的功課。

對做投資的你來說，這一年也會感受到木星帶來的幫助，但千萬不能因為看似榮景一片而不斷追高，要記得木星來得快也去得快，一定要在明年 6 月底前獲利了結，落袋為安。

現實責任開花結果
2023~2026

土星代表現實責任，天上的土星平均兩年半會進入不同星座，因為會對有的人形成正面影響，會對有的人帶來負面影響。木星與土星都是社會星，它們都是基於社會脈動而帶來直接影響，差別在於木星是紅蘿蔔，土星是棍子。木星會給予社會資源來吸引你，讓你爬得更高、走得更遠，而土星會給你現實壓力，讓你不得不好好的量入為出，藉由實力存活下來。

從 2023 年起的兩年半時間，天上的土星進入雙魚，對於太陽雙魚來說，就像土星這個教練住進了你家，從你一早醒來到晚上睡覺，整天都在上教練課，全日無休、全年無休，從好處來說，你會因為土星教練的積極訓練，彷彿上密集速成班一樣，在很短的集訓時間內，學好土星帶來的現實功課。但從另一個角度來說，土星的全面籠罩，也會逼到你有一種喘不過氣的感覺。

但話說回來，土星的全面籠罩，代表你在這段期間受到社會很大的關注，常見於升官之後的壓力變大，而土星型的升官，往往也都不會是忽然被拔擢一步登天，而是經過長時間慢慢累積，才終於得到的結果。因此就算壓力再大、再辛苦，你都會願意咬著牙接受。土星與太陽合相是大約三十年才會出現一次的相位，它會是一個你對現實生活掌握能力的總測驗。如果能好好因應，你的抗壓性就會更強，會更有實力去面對生活，迎向下一個三十年的挑戰。

不過好在土星的考驗即將結束，土星今年會在今年 5 月 26 日到 9 月 1 日暫時離開雙魚，在這三個月時間，你會感受到肩頭一輕，忽然整個人都輕鬆起來。不妨將這段期間視為登頂前的小休息，等到 9 月 2 日到明年 2 月 14 日，土星最後一次進入雙魚，你不妨好好的把之前兩年多學到的土星功課做個完結，等到 2 月 15 日土星離開雙魚時，你就能既輕鬆又穩當的走向下一步。

桃花來了

1/4~2/4,3/28~4/30,8/1~8/25

今年金星會在 1 月 4 日到 2 月 4 日，以及 3 月 28 日到 4 月 30 日兩次進入雙魚，金星帶來愛與美與享樂，當天上的金星走進跟你的太陽同樣星座時，你就會受到金星影響，變得更美、更有親和力，也更有心情去打扮自己與放鬆享樂。這也會是年度換髮型、買新衣服的最佳時機。如果想要脫離單身，一定要趁這段期間來多多安排一些交友活動。

8 月 1 日到 8 月 25 日金星進入巨蟹，此時你也會覺得心情與人緣都變好，適合合縱連橫，利用好人緣去開疆闢土。

上昇雙魚──戀愛運佳創意滿滿

很多人只知太陽星座卻不知上昇星座，這是很可惜的，因為從太陽星座中，只能知道跟太陽的主觀意識有關（也就是上班順不順）的議題，其他諸如戀愛、健康、旅遊、靈性，甚至金錢，都得要從由上昇點衍生出的十二個宮位情境才能得知。不過想要知道上昇星座，必須要知道出生時間，或至少要知道出生時辰，因為它平均兩個小時就會有所差異。

上昇星座（也就是上昇點所在的星座）會反映出一個人的出生環境，藉由這樣的出生環境，當事人會養成一種面對世界的人格面具，利用人格面具的不同面向，去面對不同的生活環境。上昇雙魚的人的童年往往會面臨具有雙魚意象的處境，他們可能常常生病，也許家裡會遇到一些事情而功能不彰，因而小時候不太能夠早睡早起、穩固的上學，他們通常與全勤獎無緣。以致於養成了一種充滿幻想卻不太能幹的個人形象。

上昇雙魚的五宮（戀愛、創作領域與子女）在巨蟹（家人般的親情），這說明了上昇雙魚由於童年生活的不穩定，他們很需要在談戀愛時，跟對方有著家人般的親情交流。二宮（金錢領域）在牡羊（開創的勇氣），則說明了在虛無的表象之下，他們其實很愛賺錢，因為賺錢能給予他們證明自己的價值。

今年天上的木星會由雙子進入巨蟹，土星會由雙魚進入牡羊，因而上昇雙魚會在家庭領域、戀愛領域與個人形象、金錢領域有功課要做。

上半年家人是貴人，家庭有資源
2024/5/26~2025/6/9

天上的木星平均每一年走入不同星座，因而會隨著你的上昇星座的不同，而進入你的不同生活領域。木星帶來社會資源，其中包含了金錢、人脈、知名度、好名聲、新想法，以及正向積極的態度。

木星從去年5月到今年6月停留在你的家庭領域，在這段期間，再怎麼跟家人感情不好的人，都會覺得家庭關係有所鬆動。對大部分人來說，隨著木星進入家庭領域，家人之間會因為資源充足而減少爭執的機會，進而有可能一起出去玩一玩，藉由充足的社會資源，讓大家都快樂，感情也變得更好。即使跟原生家庭關係不好，在這段期間，也會想要去看一看房子，就算不買，也會對家庭生活有一番想像——這正是家庭領域的真義。

很多人總是以為只有「原生家庭」才是家庭，但其實不管是自己婚後的家庭，甚至沒有結婚，自己搬出來住，甚或老年以後應該怎麼生活，這都屬於內心之家的範圍。藉由木星進入家庭領域帶來的資源與正向態度，去好好的經營家庭生活，會是今年上半年最值得做的功課。

下半年跟世界談戀愛
2025/6/10~2026/6/30

從今年6月到明年6月，隨著木星進入巨蟹，它進入了你的戀愛與創作領域。在這段期間，由於木星社會資源的挹注，你會彷彿戴著玫瑰色眼鏡看社會，發現全世界人事物皆有趣。之所以戀愛與創作是同一個領域，原因也在於當你陷入戀愛時，你會有歌想唱，有詩想寫，你會充滿創作的渴望。如果想要脫離單身，一定要好好掌握這段期間，多多安排一些交友活動，想必會很有斬獲。

也因為木星代表的是社會資源，當它進入戀愛領域，就意謂著你是在跟整個社會談戀愛，很多戀愛中的活動，例如看表演、吃大餐、去浪漫的地方約會，這些都是資源豐沛時，可以去從事的戀愛遊戲。更重要的是這些活動並不限於戀愛，它們也都很適合一個人去做，趁著木星進入戀愛領域這一年，你不妨好好的跟這個世界談個戀愛。

確立個人品牌
2023~2026

土星帶來現實生活的壓力，天上的土星平均每兩年半走入不同的星座，因而會隨著上昇星座的不同而進入你的不同生活領域。過去的兩年間，天上的土星進入雙魚，也就是你的個人形象領域，它會對你的個人形象帶來很大的現實考驗。

你一定發現，這兩年你每天都不想起床，但是為了責任而不得不起床。每天要面對的工作這麼難，但又不得不做。你開始焦慮，你開始覺得自己不如人，你覺得前面的前輩每個都好厲害，你覺得後浪一直推過來壓力好大，難道我不能廢一下嗎？這一切都是正常且健康的。土星會製造出責任感與焦慮感，當它進入你的個人形象領域，你就會對自己的存在產生種種焦慮。藉由這兩年半的存在感焦慮，你會更認清楚自己的定位。

就算每天都很不想起床工作，但至少會知道自己是為了什麼而起床，這就是土星這兩年半給你的功課。

金錢領域的現實考驗
5/26~9/1

雖然個人品牌形象的考驗即將結束，但接下來就要面臨金錢壓力了。土星在接下來的兩年半會進入你的金錢領域，這個時候非得好好精打細算才得以存活。

今年 5 月 26 日到 9 月 1 日土星會短暫進入你的金錢領域，等於是一個小小的震撼教育，9 月土星會重回你的個人形象領域，此時不妨調整腳步，想一想如何利用個人品牌來賺錢。如此一來，等到明年 2 月土星正式進入金錢領域時，就不會手忙腳亂。

每月中心德目

接下來，我們來看一下上昇雙魚今年每個月的生活重心，以及有哪些需要額外注意的時間點。

1月

這個月的生活重心會放在社交生活，會有許多老朋友與新朋友的聚會。雖然乍看之下都是在玩，但如果能好好運用這個禮拜的交友運，不但能化敵為友，還能增加許多盟友，讓他們日後成為你的助力。

但更重要的是，1月4日到2月4日天上的金星會掠過你的上昇點，進入你的一宮，也就是你的外表形象領域，在這段期間，你會顯得格外光耀照人。也因為這段期間你真的會變美，如果想要換髮型，或買新衣服，會是一個很好的時機。

2月

一反上個月的熱鬧，這個月可能是因為沒有什麼重要工作需要完成，一整年的緊繃到了這個時候忽然放鬆，結果一放鬆就開始生起各種小病，整個人顯得很沒有元氣，躺在床上不想起床。但這是一種必須要有的放鬆期，俗話說「休息是為了走更長遠的路」，這個月就是你的休息時間。千萬不要硬是讓自己打起精神去努力工作，這樣反而既沒有休息到，工作效率也很差。

3月

經歷了上個月的無精打采，這個月忽然體力與意志力都回到了你的身上。你不但體力變好，對未來也忽然有了很多想法，而且有充分的能量，想要趕快去實踐。但這些新想法與生氣勃勃的朝氣，很有可能都只是一時興起，最好的方法，還是要把這些新想法寫下來，規畫出進度，並且依照進度一一完成。

但更重要的，是3月28日到4月30日金星，會第二次進入了雙魚，在這段期間，你會變得更美、更有人氣，也因為會變美，所以這也是一個值得買新衣服、換新髮型的時機。不過要注意的，是 3 月 28 日到 4 月 12 日之間，由於金星處於逆行狀態，這個時候雖然還是會變美，但也可能會因此而花太多錢，需要理性掌控預算。

4 月

這個月會把重心放在賺錢。也許因為各種原因，這個月你會忽然發現自己賺的錢太少，存款也太少，於是發憤開源節流，開始努力找尋新財源，也開始記帳，想要找出節省開銷的方法。如果能掌握這個月對金錢的敏銳度，也許可以幫自己的財務生活，打下一個良好基礎。

5 月

這個月對各式各樣面對面溝通的事情很有利，尤其如果從事的是業務、教學、大眾傳播媒體相關工作，這個月都會有很好的表現。

此外，接續著上個月的生活重心放在賺錢議題，這個月從 5 月 1 日到 6 月 6 日，隨著金星進入你的金錢領域，你會很容易因為親切或才藝而獲得賺錢的機會，很值得好好把握。

6 月

這個月的重心會放在家庭，你可能會有一些不得不處理的家庭事務，例如房屋維修、租屋契約，或是家人生病，這些事都不適合假手他人，都必須要你親自到場處理。也因為需要你親自處理，所以這個月千萬別排太多工作，否則很容易顧此失彼，兩邊都做不好。

7月

這個月是一個桃花之月，你會發現你在這段期間玩興十足，覺得全世界人事物皆可愛，也因為你覺得全世界皆可愛，全世界也覺得你很可愛，形成了一個正向循環。在這個月中，因為玩興大發，很容易有歌想唱，有詩想寫，因而也會是一個創作之月。

8月

這個月的重心會放在工作。也許你接到一個重要任務，讓你必須鼓起精神，一刻也不能放鬆，每天一早醒來到晚上睡覺，都得要集中精神。但也因此，這會是最為精神振奮的一個月，健康狀態也不錯——但從另一個角度來說，即使健康狀態沒那麼好，你也會因為意志力很強，逼得身體得要乖乖聽話。所以應該要盡可能找時間讓自己小小休息一下，免得把身體累壞。

延續著上個月桃花之月的熱度，這個月從8月1日到8月25日，隨著天上的金星進入你的戀愛領域，金星會帶來愛與美，當它進入戀愛領域，你就會有如戴上玫瑰色眼鏡，看世界變得更美，也更願意跟世界談戀愛，如果想要脫離單身，這段期間一定要多安排一些交友行程。如果上個月已經認識了新朋友，這個月透過金星的能量，你會有機會讓戀情更上一層樓。

9月

這個月的重心會放在伴侶領域，其中包含了生活、婚姻伴侶與事業上的合作夥伴。你會有許多不能假手他人的事務，要跟伴侶一起攜手完成。也因為這些事情會花掉你很多的時間、精力，所以這個月最好不要安排太多工作，否則工作也做不好，伴侶也會有怨言，兩邊不討好。

可喜的是 9 月 20 日到 10 月 13 日天上的金星也進入了你的伴侶領域，因而在處理完各種跟伴侶有關的事務之後，最適合跟另一半一起去吃幾頓大餐，甚至可以安排一趟出遊，這樣一定能讓伴侶關係變得更融洽。

10 月

這個月很有可能會遇到許多財產相關議題，而且不是自己賺了多少錢、花了多少錢的問題，而是比較複雜的，跟他人有關的財務議題。舉凡借貸、集資、募款、保險、遺產相關問題，都很容易在這個月浮出檯面，如果從事的是金融相關工作，這個月會有很多表現機會。即使不是從事相關工作，這個月也會對金融議題格外敏銳。如果可以善用這個月的金融敏銳度去檢視、調整自己的資產分配，會對接下來一年的財務很有幫助。

11 月

這個月的重心會放在高等心智領域，其中包含了異國文化、宗教、哲學、高等教育與旅遊。如果從事的是相關行業，或正在研究所念書，這個月會表現得很好。即使不是從事相關工作，這個月也會對異國文化議題很關心，俗話說「行百里路勝讀萬卷書」，不如趁著這個月安排一趟出國小旅行，一定會收穫很多。

12月

這個月會在事業舞台上發光發熱，你會有例如上台報告或主持重要會議的機會，讓眾人看到你的專業能力。也因此，如果能事前好好準備，在這段期間的強力曝光，就能讓眾人留下深刻印象，日後如果有更多、更好的工作機會，就馬上會先想到你。

再加上 12 月 1 日到 12 月 24 日天上的金星也進入了你的事業舞台，受到金星影響，你在事業舞台上展現光芒時，會更增添了愛與美，也變得更吸引人，也更能博取人緣，而不會因為鋒芒畢露而討人厭。

附錄
1

占星學習與占星書籍

南瓜國際已出版二十餘種占星專書，適合各種程度占星學習者參考。在此由淺入深為大家介紹，以下出版品皆有電子書版本。

給占星初學者

想要學習占星，必須先了解「星座」、「宮位」、「相位」這三個概念，學會了本命星圖的三個架構，就可以說是擁有占星的基本知識。有了「星座」、「宮位」、「相位」概念之後，不妨研究一下個人星圖中的「上昇星座」。

一、行星落在什麼星座：十二個黃道星座分別代表不同的能量特質。行星就像是演員，當它們落在不同星座，就會用不同的特質來展現出行星的能量。

二、行星落在什麼宮位：十二個宮位代表不同的生命領域，當行星落在不同的宮位，就代表這顆行星這輩子必須要演出這個生命領域的戲碼。

三、行星與行星之間形成了什麼相位：當兩顆行星形成了特定度數（如120度和諧相或90度剋相），這兩顆行星的能量就會產生正面或負面的影響，也就是說，這兩顆星之間就有了對手戲，這輩子會不斷的演出生命的情節。

關於「星座」、「宮位」、「相位」與「上昇星座」，南瓜出版了以下五本書：

《十二星座：行星與星座互動的生命密碼》：本書為最重要的占星入門書。本書帶領大家深入理解十二個星座彼此之間的關係及核心意義，藉由太陽、月亮等十大主要行星在這些星座的運作方式，解開星圖中的生命密碼。本書結合了心理學、哲學、神話學、社會學、物理學、生物學等生命科學，以生動有趣、深入廣泛的現代語彙，讓大家奠定占星學的基礎。藉由徹底了解自我，了解宇宙生命力的作用，進入中國哲人所說的「明心見性」，與西方哲人所說「了解自我」的精神殿堂。

《十二宮位：生命格局的十二個舞台》：十二個宮位，分別是十二個生命舞台，當行星落在不同的生命舞台，就會在這個宮位發光發熱。也因為宮位會顯現出真實的生活處境，它會是最令人有感的占星學理。本書為大家逐一解釋十二個宮位的意涵，並以生動有趣的文字與諸多實例，讓大家面對迷宮般的生命風景時，可以擁有一張充滿智慧的地圖，站在生命的舞台上活出最美好的人生。

《成功做自己：太陽、木星、土星相位中的生命之旅》：在星圖的人生大戲中，太陽系群星都是演員。當行星因為特定角度形成相位，就會產生能量互動，帶來生命戲劇的情節。太陽是我們這輩子的人生目標，它代表一個人的價值觀、理性、意志與自我認同。木星跟土星代表的是社會大環境的種種變化，這兩顆社會行星，可說是每個人一生中一定體認得到、最切身的外在影響。一個人的人生之路是否平順，本命星圖中太陽的相位至關重要，一個人在社會大環境中，如何時勢造英雄而不被時勢所毀，會隨木星、土星的相位有不同訣竅。

《情感的合唱：月亮、水星、金星、火星相位中的風景》：月亮是一個人的安全感，水星是一個人的理智，金星是一個人喜歡的事物，火星是一個人的肉體本能，這幾顆行星的能量是每個人情感的合唱。月亮的和諧有助於婚姻、家庭生活的平穩；水星的理智讓人可以面對難關；金星是桃花，它帶來愛，也帶來金錢；火星是欲望，它讓人活力十足。

《上昇星座：生命地圖的起點》：上昇帶來長相上及氣質上的特質，它是每個人讓別人看到最直接的樣子，而這個樣子來自父母的遺傳，也來自童年經驗。當一個生命選擇了一個特定的上昇點，就等於選擇了一個特定的家庭遺傳與童年環境。父母的基因影響了我們的長相，而童年環境塑造出我們與環境互動的習慣。因此上昇說明了我們與外界互動的樣貌，也塑造了我們面對生命的直覺反應。透過了解上昇星座，我們才會了解命運是用怎樣的方式展現它的影響力。

給進階學習者

學會「星座」、「宮位」、「相位」概念之後，就可以利用這三個架構，算一算人際合盤，或算一算天上的行星跟本命星圖形成的「行運」。關於「人際合盤」與「行運」，請參考以下書籍。

《占星合盤的吸引力法則：宮位舞台的人際互動》：從上昇點畫出的十二個宮位，代表了十二種不同的生命情境。當一個人的行星進入別人的宮位，雙方就會在這個宮位領域中產生緣分。行星具有能量，宮位則提供讓行星發光的環境，所以在行星進入對方宮位的人際關係中，行星這一方通常會是主動方。但宮位方可以視情況決定是否要接納行星方。如果行星方帶來的是一段惡緣，宮位這一方可以決定予以迴避或婉拒。

《人際相位聖經：占星合盤的個人緣社會緣與宿命緣》：人際合盤就像是兩個太陽系中的行星，分別跟對方太陽系行星形成的磁場。每一個人都有不同的面向，當我們遇到不同的人，就會展現出不同面向。人際合盤的奇妙與有趣，在於它會隨對象的不同，而有不同的緣分。

《行運宮位聖經：掌握行運的生命節奏》：當行運太陽、月亮、水星、金星、火星、木星、土星、天王星、海王星、冥王星進入宮位舞台，會演出怎樣的生命故事？每個人出生時的天宮圖，就是本命星圖。天上的行星並不會隨著誕生而停止，當天上的行星繼續行進，就會跟每個人的本命星圖形成互動，這就是所謂的「行運」（transit）。十二個宮位代表了十二個不同生命舞台，當行運進入宮位，跟這個宮位相關的人事物，就會被行運啟動。當宮位舞台被行運點亮，宮位中的人生大戲就會開演。

《太陽行運全書》：這是一本講解跟太陽有關行運的專書。行運木星、土星、天王星、海王星、冥王星行進的速度慢，當它們跟本命太陽形成相位時，往往會引發人生重大的成就或難關，根據行運木星、土星、天王星、海王星、冥王星的節奏，可以讓我們做好人生規畫。此外，本書還收錄了行運太陽、月亮、水星、金星、火星與本命太陽的相位，當我們有擇日需求時，藉由這些短期行運，可以幫我們找出相對較好的日子。

《月亮金星行運全書：家庭、情感與金錢的命運時刻表》：在本命星圖中，跟情感最有關的兩顆星，就是月亮與金星，但這兩顆星的情感並不相同。月亮的情感是一種安全感，它是一種跟家人有關的親情，而金星的情感跟享樂、戀愛有關。學習月亮與金星的行運，就是學習跟自己內在情緒與情感相處之道。當我們遇到行運的正面相位，固然可以得到資產與安全感、情感上的滿足，但即使遇到的是負面相位，我們依然可以從中學到許多資產、親情、安全感的寶貴議題，進而改變靈魂，讓我們在生命之路走得更妥當。

《水星火星行運全書》：「天上的行運，就是讓你學習不斷的跟星圖對話的好機會，藉由行運與本命星圖的互動，重整你跟星圖的關係。藉由每一次行運帶來的事件，我們可以從中學習跟能量相處，並做出取捨。」水星代表了我們思考與溝通能力，火星代表了肉體行動力與脾氣。了解你的水星火星行運，可以了解什麼時候頭腦清明，什麼時候頭腦昏亂。也能夠對自己的活力與脾氣掌握得更好，找到人生的活力。

《外行星行運全書》：在占星學中，木星、土星、天王星、海王星、冥王星被稱為「外行星」，相較於太陽、月亮、水星、金星、火星這五顆跟個人特質有關的內行星，外行星要探討的是一個人的社會與世代集體意識。木星代表了社會資源，土星代表了社會現實，天王星是世代的突破性思想，海王星是世代集體夢想，冥王星是集體意識中的控制欲。當它們被行運啟動時，不但有可能帶來較大的生命事件，而且往往直指靈魂底層，讓我們明白為何要來這個世界上走一遭。尤其又以土星的功課最為重要，當我們調整、改變土星的結構，就是一種脫胎換骨的過程，「胎」與「骨」就是土星。

附錄 2

「韓良露生命占星學院」網站

我們公司網站提供各式各樣占星相關資訊，歡迎大家上來找找占星資料。請搜尋「南瓜國際」或「韓良露生命占星學院」，或直接打「https://www.pumpkin.tw」，就可以進入我們的網站囉！

進入主頁後，可以看到「最新課程」、「最新 Podcast」，右上角則有「出版書目」、「個人星盤查詢」、「天文行星曆」、「週二翻翻書」、「如何○○○？」、「占星 Podcast」。

「最新課程」：占星學院每個月都會推出不同的新課程，包含了基礎占星、合盤、行運、占星骰子等等。更重要的是每一季推出的「太陽回歸工作坊」，歡迎大家在每年生日前報名，為自己打造出一年的新計畫。有些課程有名額限制，請及早報名。我們的課程都會在前一個月 10 日早上 10 點於「活動通」上架，請大家至「活動通」搜尋「占星」，或追蹤活動通的「韓良露生命占星學院」，即可收到我們的開課通知。

「最新 Podcast」：「韓良露生命占星學院 Podcast」目前為週更，每週一上架，在各大 Podcast 平台及 Youtube 上都看得到，請搜尋「韓良露」。

「個人星盤查詢」：主要登入 / 註冊會員，就可以儲存星盤，但不註冊也沒關係，同樣可以查詢星盤。

個人星盤查詢

對於占星學習者來說，「查詢星盤」固然重要，但查出一個星圖卻完全看不懂也是枉然。因而我們公司網站在打出星圖後，都付了中文基本解盤資料。包括各行星在不同星座是什麼意思、各行星在不同宮位是什麼意思，以及行星與行星之間的相位列表。

現在就跟我們一起來試試看「韓良露生命占星學院」的排盤功能。

記得要填「姓名/暱稱」，也別忘了要選「城市」，不同城市的經緯度也會不同，如果忘了選城市，資料就會一直跑不出來喔。

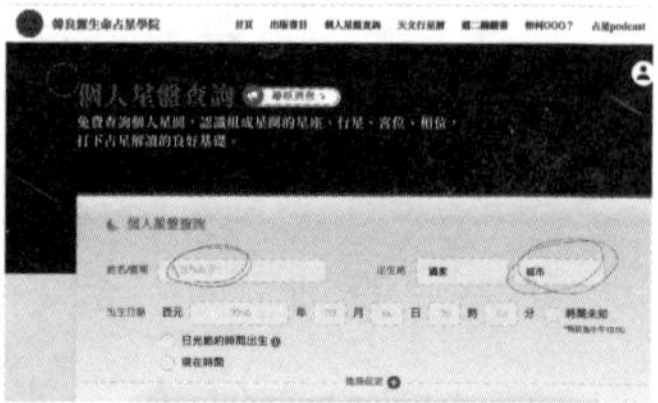

如果不確定出生時間，可直接選「時間未知」。

夏天出生的人可能會遇到「日光節約時間出生」的問題，請點入「日光節約時間出生」旁邊的「i」，查一下是否你是日光節約時間出生的人。

所謂的「現在時間」，就是現在此時此刻天上的天象。想要知道即時星象的話，可以點選此鍵。

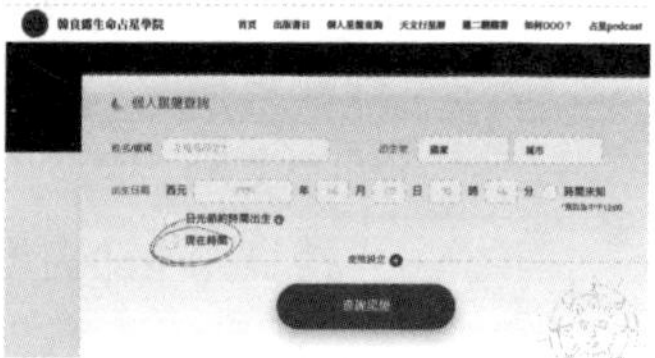

資料都填妥之後，直接按下「查詢星盤」。

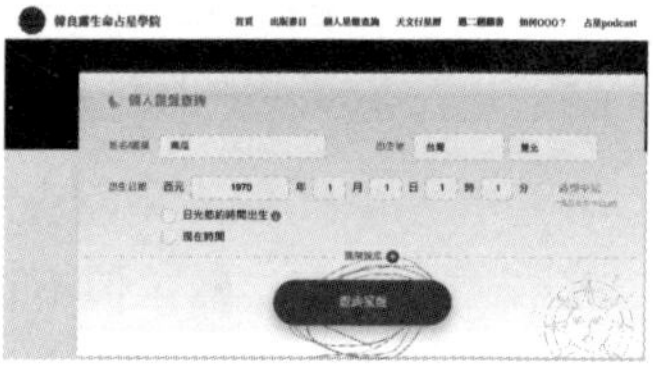

就會得到一張本命星圖。但先別走！請繼續往下滑！

雖然很多網站都能排本命星圖，但「韓良露生命占星學院」不僅只能排星圖，還附上星圖講解。就算是對占星不太熟的占星愛好者，照著我們附上的星圖解析，也可以講得頭頭是道。

太陽是什麼？月亮是什麼？太陽落在摩羯是什麼意思，金星落在7宮又是什麼意思？不用擔心，我們都會以中文為大家解釋。

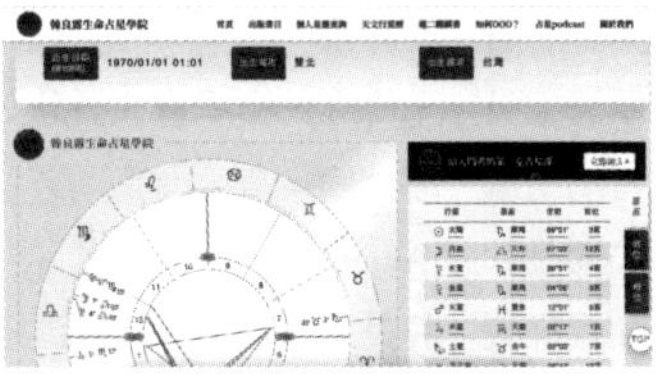

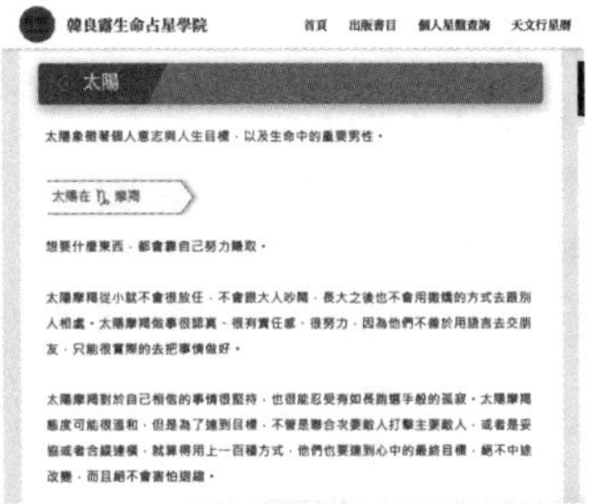

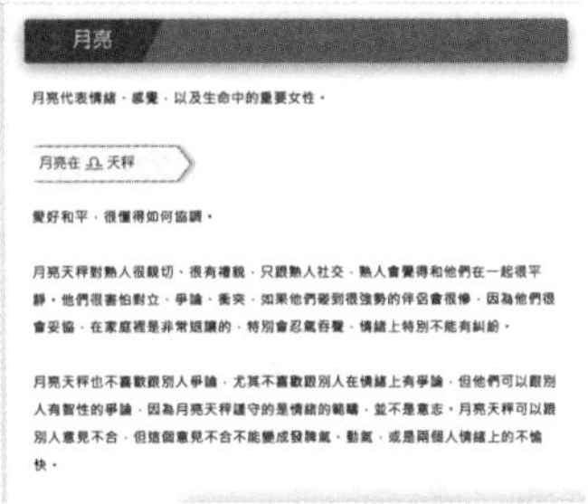

占星生活指南 04

2025 占星運勢指南

作　　者／繆沛倫
撰述委員／宋偉祥、李幸宜、曾睦美、繆沛倫、韓沁林、羅美華
特約主編／繆沛倫
美術設計／ Ayen Chen
內頁排版／薛美惠

創 辦 人／朱全斌
董 事 長／施俊宇
營 運 長／李長軒
編輯出版／南瓜國際有限公司
地址：104092 台北市中山區吉林路 69 號 2 樓
客服電話：（02）2751-0082
傳真：（02）2751-0083
總 經 銷／紅螞蟻圖書有限公司
地址：114 台北市內湖區舊宗路二段 121 巷 19 號
電話：（02）2795-3656
傳真：（02）2795-4100
網址：www.redant.com

ISBN 978-626-98558-4-1
初版一刷 2024 年 11 月
定價／ 350 元

南瓜國際「韓良露生命占星學院」https://www.pumpkin.tw/
臉書粉絲團「韓良露生命占星學院」https://www.facebook.com/LuluAstrology

國家圖書館出版品預行編目 (CIP) 資料

占星運勢指南 . 2025/ 繆沛倫著 . -- 初版 . -- 臺北市 :
南瓜國際有限公司 , 2024.11
面 ; 14.8X21 公分 . --（占星生活指南 ; 4）
ISBN 978-626-98558-4-1（平裝）
1.CST: 占星術
292.22　　111016554